Hamburger Edition

Silke van Dyk
Tine Haubner

Community-Kapitalismus

Hamburger Edition

Hamburger Edition HIS Verlagsges. mbH
Verlag des Hamburger Instituts für Sozialforschung
Mittelweg 36
20148 Hamburg
www.hamburger-edition.de

Umschlaggestaltung: Lisa Neuhalfen
Satz aus der Alegreya Serif und Sans
Druck und Bindung: CPI books GmbH, Leck
ISBN 978-3-86854-354-4
1. Auflage Oktober 2021

Inhalt

1 Die (Wieder-)Entdeckung der Gemeinschaft im Krisenkapitalismus

Der Gegenwartskapitalismus steckt nicht nur in einer ökonomischen, sondern längst auch in einer ökologischen, politischen und sozialen Funktionskrise, worauf Gegenwartsdiagnosen der »multiplen« oder »Vielfachkrise« hinweisen.[1] Spätestens seit der weltweiten Finanz- und Wirtschaftskrise 2008 ff. besteht zudem wenig Zweifel an einer fundamentalen Hegemonie- und Legitimationskrise des Neoliberalismus. Dieser ist als lebendiger Untoter, als »Zombie-Kapitalismus«[2] zwar weiterhin dominant, hat aber vom liberalen Triumphalismus der Vergangenheit in den Katastrophenmodus umgeschaltet und wird für seine sozialen und ökonomischen Verwerfungen zunehmend kritisiert. Die multiplen Krisendynamiken verdichten sich zudem zu einer fundamentalen Krise der sozialen Reproduktion: Jahrzehnte der Privatisierung, Deregulierung und Kommodifizierung haben private und öffentliche Sorgekapazitäten erodieren lassen, auf die der Kapitalismus mit seiner strukturellen »Sorglosigkeit«[3] konstitutiv angewiesen ist. Die Krise der sozialen Reproduktion wird zusätzlich vom Wandel der Familien- und Geschlechterverhältnisse und der Alterung der Gesellschaft vorangetrieben und schlägt sich in Zeiten, da immer weniger Frauen ganztägig als »heimliche Ressource der Sozialpolitik«[4] zur Verfügung stehen, in wachsenden Sorgeengpässen nieder. Hat sich der neoliberale Kapi-

1 Z. B. Demirović u. a. (Hg.), *VielfachKrise.*
2 Zelik, *Wir Untoten des Kapitals.*
3 Aulenbacher u. a., *Feministische Kapitalismuskritik*, S. 7.
4 Beck-Gernsheim, »Frauen – die heimliche Ressource der Sozialpolitik«.

talismus also gewissermaßen selbst zu Tode gesiegt – wie manche Autor*innen im Lichte dieser Dynamiken mehr prognostizieren als diagnostizieren?

Nein – lautet die Antwort dieses Buches. Der Kapitalismus stellt vielmehr aufs Neue seine enorme Wandlungsfähigkeit unter Beweis, nimmt vom jahrelang gepredigten sowie politisch exerzierten radikalen Individualismus Abstand und treibt die Suche nach gemeinschaftsförmigen Krisenlösungen und gemeinschaftsbasierter Solidarität – als neuer Ressource der Sozialpolitik – voran. Der Ego-Gesellschaft scheint die Puste auszugehen, und allenthalben ist von Gemeinschaft und Community die Rede: Die Bundesregierung bewirbt Konzepte »sorgender Gemeinschaften« als neues Paradigma einer nachhaltigen Sozial- und Pflegepolitik, Bürgerkommunen gelten als lokalpolitische Reformmodelle der Zukunft, freiwilliges Engagement, Gabentausch und kollektive Sharing-Economy-Projekte florieren. In digitalen Netzwerken gilt die Devise »community is the brand«[5], Facebook-Gründer Mark Zuckerberg preist sein Netzwerk als Meta-Community und soziale Infrastruktur der Zukunft. Und schon Toni Blair ließ mit seiner Strategie des Dritten Weges vor 20 Jahren keinen Zweifel an diesem Kurswechsel: »Die Erneuerung der Gemeinschaft ist die Antwort auf die Herausforderungen einer sich verändernden Welt.«[6] Zuletzt hat das Lob des Engagements und der Nachbarschaftshilfe in der Corona-Pandemie eine zentrale Rolle gespielt, wenn es darum ging, evidente Sorgelücken zu schließen: »Das Ehrenamt ist systemrelevant. Die Pandemie zeigt, was unsere Gesellschaft zusammenhält: Aktive Bürger, die Solidarität leben.«[7]

5 Botsman/Rogers, *What's Mine is Yours.*
6 Macmillan/Townsend, »A ›New Institutional Fix‹?«, S. 16; eigene Übersetzung.
7 Chebli, »Das Ehrenamt ist systemrelevant«.

Unbezahlte Arbeit war und ist, so wird erneut deutlich, das Lebenselixier des Kapitalismus. Aus der internationalen Arbeitsforschung wissen wir, dass es dabei nicht nur um die sogenannte Hausarbeit geht, sondern dass regulär entlohnte Erwerbsarbeit nur die Spitze des Eisbergs globaler Arbeitsverhältnisse ist, der mehrheitlich aus informeller Arbeit jenseits arbeitsvertraglicher und -rechtlicher Grundlagen besteht. Tatsächlich blieb nicht nur die modernisierungstheoretisch gerahmte Hoffnung der Durchsetzung regulärer Lohnarbeit im globalen Maßstab unerfüllt; auch in den Zentren des globalen Nordens ist eine Rückkehr informeller, rechtlich ungeschützter Arbeitsverhältnisse zu beobachten, die von neoliberalen Akteuren als Bürokratieabbau und Deregulierung begrüßt und durchgesetzt wurden. Und je weniger selbstverständlich unbezahlte Arbeit im Privathaushalt – eingebettet in eine entsprechende Geschlechterordnung – erbracht wird, desto größer wird die Bedeutung informeller Sorgearbeit außerhalb der Familie, die in Zeiten der Krise der sozialen Reproduktion zum Gegenstand politischer Steuerung und Aktivierung avanciert: Vor diesem Hintergrund ist die Entstehung einer Konfiguration zu beobachten, die wir *Community-Kapitalismus* nennen, deren politische und moralische Ökonomie sich durch die Verzivilgesellschaftlichung der sozialen Frage und die Verknüpfung von nicht regulär entlohnter Arbeit (im Folgenden: Posterwerbsarbeit) und Gemeinschaftspolitik auszeichnet.

Natürlich sind nicht regulär entlohnte Arbeitstätigkeiten jenseits von Privathaushalten kein neues Phänomen, und auch die steigende Erwerbsbeteiligung von Frauen wirft seit mehreren Jahrzehnten neue Fragen der Organisation von (Für-) Sorge auf. Auch historisch lässt sich zeigen, dass Konzepte der Gemeinschaft oft in Krisenzeiten Konjunktur hatten, zumal wenn die Grenzen des Liberalismus zur Debatte standen. Und doch ist die aktuelle Situation von neuer Qualität, da sich die –

unterschiedlichen Dynamiken geschuldete – Krise der sozialen Reproduktion mit der fundamentalen Legitimations- und Hegemoniekrise des Neoliberalismus verbindet, während die rasante technologische Entwicklung zugleich digital gestützte neue Vergemeinschaftungen befördert. Im Lichte dieser heterogenen Entwicklungen hat der Community-Kapitalismus, so die These des Buches, das Potenzial, hegemoniefähig zu werden: Er bietet eine Antwort auf die multiplen (Krisen-)Dynamiken der Gegenwart, indem er Lösungen für die Reproduktionskrise mit einer legitimationsstiftenden Antwort auf die Hegemoniekrise des Neoliberalismus verbindet und einen Deutungsrahmen schafft, der zentrale Muster der zunehmend einflussreichen digitalen Vergemeinschaftungen aufgreift. Zudem ist der Anti-Etatismus der Verzivilgesellschaftlichung der sozialen Frage, wie wir zeigen werden, anschlussfähig an Akteure sehr unterschiedlicher politischer Provenienz, während die Anrufung von Gemeinschaft und Gemeinsinn auf der Ebene der Subjekte auf ein reales Begehren nach Verbundenheit und Solidarität nach jahrelanger Konjunktur des Hyper-Individualismus und Sozialabbaus antwortet. Das Regieren durch Community spricht etwas an, das vielen Menschen im Alltag wichtig ist, was ein aktives »Mittun« befördert, ohne dass damit eine dezidierte Bejahung der gesellschaftlichen Neuverhandlung des Sozialen als fürsorgliche Gemeinschaft verbunden sein muss.

Die wissenschaftliche Literatur ist ebenso wie der politische und mediale Diskurs reich an Lob für die Zivilgesellschaft und das Engagement von Freiwilligen und Umsonstarbeitenden; der Lobpreis von Gemeinschaft und Gemeinsinn ist allgegenwärtig. Diese breit verankerte Affirmation aufbrechend, ist das vorliegende Buch eine Kritik des Community-Kapitalismus. Es ist keine Kritik an Freiwilligen und Engagierten, keine Kritik an alltäglichen Formen der Solidarität unter Nachbar*innen und Freundinnen, keine Kritik an Selbstorganisation und Alternativökonomien. Es ist eine Kritik der politischen und moralischen Ökonomie des Community-Kapitalismus, die – wie wir zeigen wollen – auf der Ausbeutung von Posterwerbsarbeit, der Informalisierung und Deprofessionalisierung von Arbeit, der Umdeutung der sozialen Frage in eine Frage fürsorglicher Gemeinschaften und der Überführung sozialer Rechte in soziale Gaben beruht. Diese Konfiguration empirisch und zeitdiagnostisch zu rekonstruieren, theoretisch-konzeptionell zu durchdringen und im Blick auf ihre Kehrseiten zu befragen ist unser Anliegen.

Als analytischer Begriff findet Community-Kapitalismus im wissenschaftlichen Diskurs bislang keine Verwendung, er taucht allerdings in affirmativer Diktion in zwei politiknahen Zusammenhängen auf. In den 1990er Jahren haben Expert*innen aus dem privaten und öffentlichen Sektor einen an Präsident Bill Clinton, Kabinetts- und Kongressmitglieder und Unternehmer*innen adressierten Report veröffentlicht, der den Titel *Community Capitalism: Rediscovering the Markets of America's Urban Neighborhoods* trägt. Konkret geht es um die Entwicklung von privatwirtschaftlichen Kapitalinvestitionen in städtischen Nachbarschaften und eine stärkere Zusammenarbeit von Unternehmen mit Nonprofitorganisationen. Das im Eigenverlag veröffentlichte Buch des Aktivisten Michael Garjian *Community Capitalism. How Communities Can Use Capitalism to Create a Shared Economy that Works for Everyone* trägt ein aus Menschen gebildetes Dollarzeichen auf dem Titel und plädiert dafür, dass Communitys als ökonomische Akteure auftreten sollen, »to use the tool of capitalism to create as much wealth for itself as it wants«.[8] In beiden Fällen wird Community-Kapitalismus als Investmentstrategie begriffen und positiv besetzt,

8 Garjian, *Community Capitalism*, S. 79.

ohne dass diese Verwendung weitere Debatten und Anschlüsse an das Konzept angestoßen hätte.[9]

Unsere kritische Analyse des Community-Kapitalismus setzt empirisch am deutschen Fallbeispiel an, wird theoretisch-konzeptionell aber in einer Weise verdichtet, die beansprucht, auch ähnliche Entwicklungen in anderen Wohlfahrtsstaaten der frühindustrialisierten Länder des globalen Nordens zu erfassen. Die Analyse beruht auf unserer langjährigen empirischen und theoretischen Arbeit zu Fragen des wohlfahrtsstaatlichen Wandels, der Organisation von Arbeit und Sorge im Gegenwartskapitalismus, der Rolle von Engagement und Freiwilligenarbeit und der Krise der sozialen Reproduktion. Hierzu zählen die Arbeiten von Silke van Dyk zum aktivierenden Sozialstaat, zu Gemeinsinn, Gemeinschaft und Solidarität sowie zur Bedeutung von *post-wage politics*[10] und Tine Haubners Arbeiten zur Ausbeutung informeller Sorgearbeit sowie zu Prozessen der Informalisierung und Deprofessionalisierung im Bereich sozialer Dienstleistungen.[11] Die empirischen Beispiele dieses Buches stammen mehrheitlich aus dem gemeinsam verantworteten und mit Emma Dowling und Laura Boemke bearbeiteten Forschungsprojekt »Schattenökonomie oder neue Kultur des Helfens? Engagement und Freiwilligenarbeit im Strukturwandel des Wohlfahrtsstaats«, das von 2017 bis 2020

9 Ebenfalls zu unterscheiden von unserem Konzept ist der gebräuchlichere Begriff des *Compassionate Capitalism*, der in Abgrenzung zur klassischen Philanthropie auf die Zusammenführung von Profitorientierung und sozialer Verantwortung zielt. Hier handelt es sich, ebenso wie beim Konzept des Philanthrokapitalismus (vgl. für eine kritische Einordnung Adloff/Degens, »›Muss nur noch kurz die Welt retten‹«), um eine Businessstrategie, die mit der Ökonomisierung des Sozialen auf die Neubestimmung der Grenzen zwischen Zivilgesellschaft und Markt zielt.

10 Vgl. u.a. van Dyk, »Post-wage Politics« und »Rethinking Community in Aging Studies«.

11 Vgl. u.a. Haubner, *Die Ausbeutung der sorgenden Gemeinschaft* und »Grauzonen der Sorgearbeit«.

am Institut für Soziologie der Universität Jena angesiedelt war und von der Hans-Böckler-Stiftung gefördert wurde. Untersucht wurde die sozialstaatliche Indienstnahme von Engagement und Freiwilligenarbeit im Bereich der Pflege, der sozialen Arbeit, der Geflüchtetenhilfe und der kommunalen Infrastruktur.[12]

Wir starten im folgenden Kapitel mit einem Blick auf den Stand der für uns einschlägigen Wohlfahrtsstaats- und Care-Forschung und fragen, warum eine *kritische* Analyse der Indienstnahme von Gemeinschaft(lichkeit) für die Bearbeitung von Sorge- und Versorgungslücken im Gegenwartskapitalismus bislang randständig geblieben ist (Kapitel 2). Im dritten Kapitel werfen wir einen Blick auf Gemeinschaft(en) als Gegenstand sozialwissenschaftlicher Forschung, loten Anschluss- und Leerstellen für unsere Analyse aus und systematisieren die Begriffsbestimmung. Die Kapitel 4, 5 und 6 stellen das empirische Herzstück des Buches dar: Hier analysieren wir unterschiedliche Felder und Formen der Posterwerbsarbeit im Engagement und der Freiwilligenarbeit (Kapitel 4), im Feld der (Alten-)Pflege (Kapitel 5) sowie in der informellen Nachbarschaftshilfe, auf digitalen Plattformen und in Form von Mehrarbeit in der Erwerbsarbeit (Kapitel 6). Die Kapitel 7, 8 und 9 sind der Systematisierung, konzeptionellen Verdichtung und theoretischen Unterfütterung unserer Diagnose gewidmet: In Kapitel 7 analysieren wir die Kehrseiten informeller Unterstüt-

12 Das Untersuchungssample des Projektes umfasst problemzentrierte Interviews mit 46 Engagierten und leitfadengestützte Gespräche mit 80 Expert*innen in jeweils zwei Mittelstädten und Landkreisen in Brandenburg und Baden-Württemberg. Daneben wurde der bundesweite, engagementpolitische Diskurs von 2011 bis 2017 im Rahmen einer Dokumentenanalyse untersucht. Zu zentralen Ergebnissen und dem Forschungsdesign vgl. van Dyk, »Umsonst und freiwillig«; Haubner, »Die neue ›heimliche Ressource der Sozialpolitik‹?«, Boemke u. a., »Freiwilligenarbeit als Ressource«.

zung und Hilfe, um dann im achten Kapitel in vier Schritten die Treiber des Community-Kapitalismus (Krise der sozialen Reproduktion, Hegemoniekrise des Neoliberalismus, Digitalisierung), seine Dynamik (die Verzivilgesellschaftlichung der sozialen Frage), seine Ressource (die Posterwerbsarbeit) sowie die politische und moralische Ökonomie dieser Konfiguration zu plausibilisieren. Im neunten Kapitel diskutieren wir die Hegemoniefähigkeit des Community-Kapitalismus, um dann im abschließenden zehnten Kapitel nach Alternativen zu fragen.

2 Was bisher geschah: Zur Analyse gemeinschaftsbasierter Sorgepotenziale in Wohlfahrtsstaats- und Care-Forschung

Die 1980er und 1990er Jahre gelten in der Wohlfahrtsstaatsforschung als Jahrzehnte sozialstaatlichen Strukturwandels. Den gesellschaftlichen Hintergrund des Wandels liefert das Ende der »growth-security alliance«[13] und der wohlfahrtsstaatlichen Expansion nach dem Zweiten Weltkrieg, wobei sich die Herausforderungen seinerzeit als vielschichtig erwiesen: Die Wachstumseinbrüche der 1970er und 1980er Jahre, die hohe Sockelarbeitslosigkeit und die kommunale Überschuldung haben ebenso wie die wachsende liberalkonservative Kritik an staatlicher Bürokratie, die Expansion des Dienstleistungssektors und die zunehmende Pluralisierung von Lebensstilen den Boden für die Einführung neuer sozialpolitischer Paradigmen und Konzepte bereitet. Für die Zeit ab den 1990er Jahren konstatiert die sozialwissenschaftliche Forschung eine »neue Generation von Sozialpolitiken«[14], die trotz unterschiedlicher (partei-)politischer Akzentuierungen recht einhellige Antworten auf das Ende des »alten« Sozialstaates liefert. Mit dem Bedeutungsverlust von Prinzipien der Umverteilung, Sicherheit und Versorgung und der Hinwendung zu Sozialinvestment, ökonomischer Wachstumsorientierung und Wirtschaftsmodernisierung stärken die neuen aktivierenden und investiven Sozialpolitiken die Bedeutung des Marktes und seiner Verteilungslogiken. Neben der Einführung marktförmiger Steuerungsmodelle in Verwaltung und Sozialsektor steht mit einer

13 Offe, »Competitive Party Democracy«, S. 237.

14 Evers, »Investiv und aktivierend oder ökonomistisch und bevormundend?«.

neuen Politik der Aktivierung die Förderung individueller Autonomie und Marktfähigkeit als »Gütekriterium einer erfolgreichen Sozialpolitik«[15] im Zentrum.

Die kritische Wohlfahrtsstaatsforschung hat sich lange auf die sozialpolitische Stärkung von individueller Eigenverantwortung und Employability konzentriert. Ihr verdanken wir die politisch-soziologische Diagnose einer Entwicklung »von der ›Staatsversorgung‹ zur Selbstsorge, von der öffentlichen zur privaten Sicherungsverantwortung, vom kollektiven zum individuellen Risikomanagement« sowie Thesen einer »neosozialen Transformation«[16] oder »Vermarktlichung des Sozialstaats«[17]. Diese Beiträge stellen eine zentrale Referenz für unsere Überlegungen dar, vernachlässigen aber einen für uns entscheidenden Punkt: die zur Aktivierungspolitik zeitlich versetzt eintretende wohlfahrtspolitische Entwicklungslinie, die seit den späten 1990er Jahren nicht mehr nur um das unternehmerische Subjekt kreist, sondern gemeinschaftsförmige (Selbst-)Hilfepotenziale der Zivilgesellschaft adressiert. Die liberalkonservative Kritik am alten Wohlfahrtsstaat und der anschließende sozialpolitische Kurswechsel zielen demnach nicht nur auf individuelle Marktfähigkeit ab. Sie streben darüber hinaus auch die Stärkung von Gemeinsinn an, um »die Anonymität von Großorganisationen […] durch die bedürfnisgerechte Vertrautheit persönlicher und örtlicher Nähe [zu ersetzen]«, damit »das kalte Perfektionsstreben der an festgelegten Standards orientierten Professionen […] dem spontanen Engagement von Laien [weicht]«.[18] Seither stehen neben der Aktivierung der Bürger*innen nicht nur Leitbilder der Dezentralisierung und Kommunalisierung von Sozialpolitik,

15 Ullrich, »Aktivierende Sozialpolitik und individuelle Autonomie«, S. 145.
16 Lessenich, »Mobilität und Kontrolle«, S. 163 und 159.
17 Nullmeier, »Vermarktlichung des Sozialstaats«.
18 Prätorius, »Vom sanften Terror der Geborgenheit«.

sondern auch Formen der gemeinschafts- und netzwerkbasierten Steuerung sowie die Stärkung von bürgerschaftlichem Engagement auf der sozialpolitischen Tagesordnung. Für die kritische Analyse dieses Wandels können wir vor allem an wenige ältere Beiträge anschließen, die die Gemeinschaftsorientierung der liberal-konservativen Kritik am alten Wohlfahrtsstaat in den Blick genommen haben.[19]

Die beschriebene Entwicklung antwortet auf einen Zwiespalt des konservativen deutschen Wohlfahrtsmodells, der sich angesichts schrumpfender familiärer Sorgekapazitäten, Alterungsprozesse und der Versorgungsengpässe des auf Kosteneffizienz getrimmten Sozialsektors zuspitzt: Die unbezahlten informellen Dienstleistungen (die überwiegend von Familien geleistet werden) stellen die Grundlage der Sozialpolitik dar, werden aber durch die steigende weibliche Erwerbsbeteiligung und zunehmend diversifizierte Haushaltsstrukturen aufgezehrt. Während die Bedeutung der »primären sozialen Netzwerke« der Bürger*innen für die alltägliche Reproduktion des Lebens ungebrochen ist, sind ihre Grundlagen in der globalen Leistungs- und Erwerbsgesellschaft immer weniger selbstverständlich. Vor diesem Hintergrund zielt die neue Sozialpolitik darauf ab, Verantwortlichkeiten im Wohlfahrtsdreieck neu zu bestimmen, um informelle Unterstützungspotenziale auch außerhalb der Familie nutzbar zu machen. Seit Mitte der 1990er Jahre lässt sich so eine wachsende Aufmerksamkeit für Leitbilder wie »Corporate Citizenship«[20] oder »Bürgerkommune«[21] beobachten, die allesamt auf eine

19 Z. B. Richter, »Subsidiarität und Neokonservatismus«.

20 Das Konzept des Corporate Citizenship begreift Unternehmen als Teil der Bürgergesellschaft und zielt auf bürgerschaftliches Engagement und Gemeinwohlorientierung in und von Unternehmen ab (Polterauer, »Unternehmensengagements als ›Corporate Citizenship‹«).

21 Das Leitbild der Bürgerkommune zielt im Kontext einer »kundenorientierten« Kommunalverwaltung auf die Förderung bürgerschaftlichen

Verflüssigung der Grenzen zwischen Markt, Staat und Zivilgesellschaft zielen. Während sich der Sozialstaat auf die Rolle eines sparsamen Managers im »Wohlfahrtsmix« konzentriert, werden neben dem Markt auch der Dritte Sektor, die Zivilgesellschaft und ihre informellen Unterstützungsnetzwerke als wohlfahrtspolitische Koproduzenten adressiert.

Einen weiteren Schub erhält der auf informelle Unterstützungspotenziale gerichtete politische Eroberungswille aus dem herben Imageschaden, den der Neoliberalismus mit der Finanzmarktkrise 2008 ff. erlitten hat. Die als »bürgerschaftlich« akzentuierte Sozialpolitik will die Selbstheilungskräfte der Gesellschaft fördern, um Marktversagen zu kompensieren, ohne jedoch vom Prinzip marktförmiger Effizienzorientierung abzurücken. Die Interpretation des Subsidiaritätsprinzips ist für diese Entwicklung exemplarisch: Das aus der katholischen Soziallehre stammende und äußerst deutungsoffene Leitprinzip des deutschen Wohlfahrtsstaates steht für eine hierarchisch abgestufte Verantwortungszuteilung und Fürsorgepflicht verschiedener gesellschaftlicher Ebenen und sozialer Gemeinwesen. Diese Verantwortungszuweisung ist allerdings stark umkämpft: Anfang der 1980er Jahre wird Subsidiarität neu interpretiert und ab den 1990er Jahren in das Leitbild des aktivierenden Sozialstaats integriert. Subsidiarität wird nun weniger im Sinne staatlicher Vorleistungsverpflichtungen, sondern als »Hilfe zur Selbsthilfe« und Prinzip fiskalischer Staatsentlastung bestimmt.[22] Im Zuge dessen werden auch die sozialen Nahräume, Quartiere und Nachbarschaften der Bürger*innen als eigenständige Ebene sozialpolitischen Handelns

Engagements und die Beteiligung von Bürger*innen an kommunalen Planungsprozessen ab, um die kommunalen Haushalte durch die Stärkung solidarischer Unterstützungsnetzwerke der Bürger*innen zu entlasten (Bogumil u. a. [Hg.], *Das Reformmodell Bürgerkommune*, S. 22 ff.).

22 Sachße, »Subsidiarität«.

neu bestimmt und ihre Wohlfahrtseffekte durch bürgerschaftliches Engagement beschworen. Zugleich bleiben die Hoffnungen auf zivilgesellschaftliche »Selbststeuerungsressourcen«[23] überwiegend holzschnittartig, werden doch die Ermöglichungsbedingungen einer »Hilfe zur Selbsthilfe« der Bürger*innen ebenso wenig ausbuchstabiert, wie die Formen, Möglichkeiten und Grenzen »neu-subsidiärer« Verantwortungsteilung und Leistungserbringung ausgelotet werden.

Obwohl in der Sozialberichterstattung der Bundesregierung seit der Jahrtausendwende vermehrt Topoi der Bürgernähe, Gemeinschaftlichkeit und lokalen Governance auftauchen, bleibt es in der deutschsprachigen Wohlfahrtsforschung, mit wenigen Ausnahmen, seltsam still um die kritische Einordnung dieser Entwicklung. Stattdessen gilt die Anrufung von Gemeinschaft und Gemeinsinn auch zahlreichen Forscher*innen als Lösung für den Sozialstaat in der Krise, und entsprechende Leitbilder und Konzepte wie »sorgende Kommunen und lokale Verantwortungsgemeinschaften«[24] oder »sorgende Gemeinschaften«[25] werden auch von sozialwissenschaftlicher Seite in den politischen Diskurs eingespeist. Der in diesen Leitbildern enthaltene affirmative Rekurs auf Gemeinschaft und Community geht mit einer ausgeprägten Profillosigkeit des Konzepts einher. Obwohl die informelle Wohlfahrtsproduktion durch die Stärkung von Gemeinschaftsbezügen vielen als Mittel der Wahl gilt, um »trotz immer engerer Haushaltsspielräume, eine breite Leistungspalette städtischer Angebote aufrechtzuerhalten«,[26] bleiben Fragen der konkreten institutionellen und materiellen Ermöglichung sowie der spezifischen

23 Heinze, »Verbandliche Wohlfahrtspflege und Wohlfahrtsmarkt«, S. 50.
24 Kricheldorff, u. a., »Sorgende Kommunen und Lokale Verantwortungsgemeinschaften«.
25 Klie, »Caring Community«.
26 Holtkamp/Bogumil, »Bürgerkommune und Local Governance«, S. 239.

Struktur und Qualität der allerorten gelobten lokalen Verantwortungsgemeinschaften auffallend blass. Der Community- oder Gemeinschaftsbegriff gleicht einem leeren Signifikanten, der für sehr unterschiedliche Akteure anschlussfähig ist – auch Kirchen, Gewerkschaften, Sozialraumplaner*innen oder Akteure in Sozialberufen berufen sich auf die Stärken der Gemeinschaft, ohne dass diesem Umstand bislang die erforderliche kritische Aufmerksamkeit zuteilwird.[27]

Im angelsächsischen und angloamerikanischen Kontext wird dagegen das Phänomen eines »neoliberalism with a community face«[28] schon länger kritisch thematisiert. In Großbritannien haben sowohl New Labour als auch die konservativ-liberale Regierung unter David Cameron in den vergangenen zwei Jahrzehnten unter den Schlagworten »Community Development Challenge«[29] und »New Localism«[30] die Re-Lokalisierung und Vergemeinschaftung öffentlicher Infrastruktur vorangetrieben. In der angelsächsischen Forschung ist umstritten, ob es sich dabei lediglich um den neuen Governance-Modus einer im Kern unveränderten neoliberalen Politik handelt[31] oder ob sich im Sinne einer »changing fortune of commu-

27 Dies gilt, wie Stefanie Graefe ausführt, in ähnlicher Weise auch für Konzepte der »Community Resilience«, die aus dem internationalen Diskurs um Katastrophenschutz zunehmend in andere Felder wie Ökologie oder Entwicklungshilfe »migrieren«. »Community Resilience« als »heilende Kraft« sozialer Gemeinschaften in Krisensituationen stellt paradigmatisch vom einzelnen Individuum auf die kollektive Selbstorganisation der bedrohten Bevölkerung um. »Community« fungiert dabei als Metapher für Geborgenheit in unsicheren Zeiten, wobei auch hier unklar bleibt, ob es sich um traditionelle, bereits bestehende oder erst im Katastrophenfall entstehende, nicht-traditionale Vergemeinschaftungen handelt. Vgl. Graefe, *Resilienz im Krisenkapitalismus*, S. 167 ff.

28 MacLeod/Emejulu, »Neoliberalism with a Community Face?«.

29 CLG, *The Community Development Challenge.*

30 UK Government, *Localism Act.*

31 Newman, »Landscapes of Antagonism«.

nity«[32] neue Spielräume für Partizipation von unten auftun. Im deutschsprachigen Kontext werden dagegen Konzepte des Community-Development überwiegend affirmativ rezipiert, ohne diese oder ähnliche Fragen kritisch zu diskutieren; mitunter wird sogar, ganz im Gegenteil, der Ab- und Umbau des deutschen Wohlfahrtsstaates als Chance für den positiv bewerteten Transfer der Community-Orientierung liberaler Wohlfahrtsstaaten in die »Gemeinwesenarbeit« des deutschen Sozialstaats angesehen.[33]

Die Care-Forschung, die »doppelte Privatisierung« von Sorgearbeit und die Leerstelle gemeinschaftsbasierter Sorge

Neben Einsichten aus der kritischen Wohlfahrtsstaatsforschung rekurrieren unsere Überlegungen zum Community-Kapitalismus auf zentrale Konzepte und Diagnosen aus der Forschung zu Care, Sorgearbeit und sozialer Reproduktion. Um das Feld der Posterwerbsarbeit zu konturieren, greifen wir auf den Begriff der Sorgearbeit zurück, der »alle praktischen Relationen zwischen Menschen, [...] die sich [...] aus dem Werden und Vergehen des Lebens ergeben«,[34] bezeichnet. Es handelt sich um überwiegend von Frauen, bezahlt oder unbezahlt verrichtete Arbeitstätigkeiten, die einerseits auf die essenzielle Befriedigung menschlicher Bedürfnisse und damit die Reproduktion gesellschaftlicher Existenzgrundlagen abzielen und andererseits in Spannung zu den Imperativen kapitalistischer Verwertungslogik stehen.

Die Anfänge der Forschung zu Care und sozialer Reproduktion lassen sich auf die Frauenbewegung der 1960er Jahre zu-

32 Taylor, »The Changing Fortunes of Community«.

33 Stiftung Mitarbeit/Forum Community Organizing, *Handbuch Community Organizing*, S. 7.

34 Klinger, »Krise war immer ...«, S. 83.

rückdatieren und speisen sich ursprünglich aus zwei Quellen: der marxistisch-feministisch geprägten Hausarbeitsdebatte der zweiten Frauenbewegung, die mithilfe der Marx'schen Gesellschaftstheorie die kapitalistische Ausbeutung von Hausarbeit analysiert, sowie der feministischen Sorgeethik, die menschliches Handeln moralphilosophisch in Bezug auf Sorgebedürftigkeit bewertet. In diesem theoretisch-konzeptionellen »Zweistromland« stand ursprünglich die unbezahlte Hausarbeit von Frauen in der fordistischen Ära im Zentrum des Interesses. Angetrieben von der Erosion des Ernährermodells, steigender Erwerbsbeteiligung von Frauen und sozialstaatlichem Strukturwandel, hat sich die Forschung seitdem aber stark ausdifferenziert, und Forschungsschwerpunkte haben sich verschoben. Mit dem Ende des fordistischen Hausfrauenmodells und dem Siegeszug neoliberaler Governance- und Wirtschaftsformen sowie der Herausbildung einer globalen Sorgearbeitsteilung ist die Dominanz der Erforschung unbezahlter, privater Haus- und Sorgearbeit von Frauen an ein Ende gelangt. Wie Brigitte Aulenbacher, Fabienne Décieux und Birgit Riegraf zeigen,[35] prägen in der jüngeren Zeit stattdessen drei Entwicklungstendenzen einer neuen »Vergesellschaftung des Sorgens«[36] die internationale Care-Forschung: *Erstens* stellen die Erforschung einer zunehmenden Kommodifizierung von Sorgearbeit und die wachsende Nachfrage nach privatwirtschaftlichen Sorgedienstleistungen einen – wenn nicht *den* – zentralen Forschungsschwerpunkt dar. Hier finden sich, um nur ein paar Beispiele zu nennen, sowohl Arbeiten zu den Effekten marktförmiger Organisation auf die Form und Qualität von Care,[37] zum Einsatz neuer Technolo-

35 Aulenbacher u. a., »Capitalism Goes Care«.

36 Dies., »Auf neuer Stufe vergesellschaftet«.

37 Farris/Marchetti, »From the Commodification to the Corporatization of Care«.

gien[38] als auch Arbeiten zur Zunahme gewerkschaftlicher »Sorgekämpfe«[39] und zu neuen Investitionsstrategien im Sozial- und Sorgebereich[40]. *Zweitens* wird die zunehmende Transnationalisierung und Ausbeutung migrantischer Sorgearbeit unter Berücksichtigung intersektionaler Ungleichheiten beforscht,[41] und *drittens* bilden Arbeiten zu Transformationsprozessen wohlfahrtsstaatlicher Governance und dem Wandel nationalstaatlicher Care-Regime[42] einen Schwerpunkt. Weitgehende Einigkeit in dem sich ausdifferenzierenden Feld der Care-Forschung besteht dahingehend, dass der finanzmarktgetriebene Kapitalismus durch die umfassende Kommodifizierung und Erwerbsvergesellschaftung seine reproduktiven Grundlagen zunehmend gefährdet. Es wird eine »Krise der sozialen Reproduktion« diagnostiziert,[43] die durch die gesellschaftliche Alterung, den Wandel der Arbeits- und Familienverhältnisse, gestiegene Ansprüche an Sorge und Erziehung sowie ein auf Kostenreduktion ausgerichtetes Sorgeregime verschärft wird.

Konzeptionell ist der jüngste Wandel sozialer Reproduktion unter Krisenbedingungen als »doppelte Privatisierung« von Sorgearbeit analysiert worden:[44] Einerseits wird Sorgearbeit privatisiert und kommodifiziert und damit zunehmend Marktlogiken unterworfen, andererseits werden vormals öffentliche Angebote sowie die Bearbeitung neuer Bedarfe in die Verantwortung privater Haushalte (zurück-)verlagert. So instruktiv und anschlussfähig diese Doppeldiagnose zum Wandel der Reproduktionsverhältnisse ist, so bemerkenswert ist

38 Compagna/Shire, »Die Entdeckung der ›Alten‹«.
39 Artus u. a., *Sorge-Kämpfe*.
40 Dowling, »In the Wake of Austerity«.
41 Aulenbacher u. a., *Gute Sorge ohne gute Arbeit?*.
42 Theobald, »Care Policies«.
43 Jürgens, »Deutschland in der Reproduktionskrise«.
44 Biesecker u. a., »Feministische Perspektiven«, S. 28 ff.

eine auffällige Leerstelle, die im Zentrum unserer Überlegungen steht: Sorgearbeit wird tatsächlich nicht nur in private Haushalte verlagert und marktförmig organisiert. Im Kontext des Rückbaus sozialstaatlicher Versorgungsstrukturen, der Expansion privatwirtschaftlicher Angebote und der schrumpfenden Sorgekapazitäten der Familien wird sie außerdem zunehmend an informelle Unterstützungsnetzwerke außerhalb von Familie und Privathaushalt verwiesen. Informelle Sorgearbeit bezeichnet dabei all die *nicht formell geregelten* Sorgearbeiten, die nicht regulär entlohnt oder unbezahlt, ohne arbeitsvertragliche Grundlage oder durch Verletzung arbeitsvertraglicher und -rechtlicher Bestimmungen durchgeführt werden,[45] und weitet damit den Blick über die privat-häusliche Sphäre hinaus. Die Perspektive der doppelten Privatisierung ist also, so unsere zentrale These, um eine Analyse der Verzivilgesellschaftlichung von Sorgetätigkeiten unter besonderer Berücksichtigung gemeinschaftsbasierter Sorgepotenziale zu ergänzen. Neue Formen der Sorgearbeit in sozialen Gemeinschaften und kollektiven Bezügen außerhalb der Familie werden in der Care-Forschung zwar vereinzelt erwähnt: So spricht Aulenbacher von einer »neuen Stufe der Vergemeinschaftung von Care und Care-Arbeit«,[46] und für den US-amerikanischen Kontext erwähnt Fraser, dass Care im globalisierten Finanzmarktkapitalismus auch auf Communitys verlagert werde.[47] Bei Fine findet sich wiederum die Beobachtung, dass sich die Grenzen zwischen formeller und informeller Sorgearbeit seit der Mitte des 20. Jahrhunderts verflüssigen,[48] und Einzelfallstudien widmen sich der Herausbildung hybrider Formen von Sorgearbeit im internationalen Wohlfahrts-

45 Mayer-Ahuja, »Prekär, informell–weiblich?«, S. 56.
46 Aulenbacher, »Auf neuer Stufe vergesellschaftet«, S. 132.
47 Fraser, »Contradictions of Capital and Care«, S. 104.
48 Fine, »Individualization, Risk and the Body«, S. 248 f.

vergleich.[49] So wichtig diese Impulse sind, so sehr bleiben aber Struktur, Ausmaß und Bedeutung gemeinschaftsbasierter, zivilgesellschaftlicher Sorge jenseits von Markt, Staat und Familie bislang konzeptuell unbestimmt und empirisch unterbelichtet.

Leerstellen der Care-Forschung im Lichte sozialpolitischer Aneignungsversuche

Ähnlich wie die Wohlfahrtsstaatsforschung ist auch die Care-Forschung zweigeteilt, wenn es um die Bedeutung sorgender Gemeinschaften geht – Vernachlässigung dieser Perspektive auf der einen, Affirmation auf der anderen Seite. Anders als in der Wohlfahrtsstaatsforschung ist jedoch die Vernachlässigung dominant, und es sind auch kaum Bestrebungen einer affirmativen Konzeptentwicklung für den aktivierenden Sozialstaat zu beobachten. Vielmehr ist umgekehrt eine sozialpolitische Aneignung feministischer Konzepte sorgender Gemeinschaften zu konstatieren, die ihrerseits als alternative Formen der Sorge und Solidarität in expliziter Abgrenzung gegenüber dem Sozialstaat entwickelt wurden.

Es ist schwer zu sagen, warum gemeinschaftsbasierte Sorge in der Zivilgesellschaft in der Care-Forschung so unterbelichtet ist; womöglich spielen hier Leerstellen und Lesarten der beiden historischen Hauptströmungen in Bezug auf das Verhältnis von Sorgearbeit und Zivilgesellschaft eine zentrale Rolle: Im marxistisch geprägten Strang der Theorien sozialer Reproduktion lag der Fokus lange auf der häuslich-familiären Reproduktion der Ware Arbeitskraft. Obwohl mittlerweile auch darauf hingewiesen wird, dass die Familie nicht mehr die einzige kostengünstige Reproduktionsinstanz der Arbeits-

49 Ungerson, »Care, Work and Feeling«; für Deutschland: Pfau-Effinger/Geissler, *Care and Social Integration*.

kraft darstellt,[50], wird Reproduktionsarbeit in der Zivilgesellschaft, im Freiwilligen- und Dritten Sektor noch immer vernachlässigt und als wenig bedeutsam für die gesamtgesellschaftliche Reproduktion eingestuft.[51] Auch der zweite Strang, die feministische Sorgeethik, erweist sich als zurückhaltend, wenn es darum geht, einen kritischen Blick auf zivilgesellschaftliche Sorge zu werfen – wenn auch aus anderen Gründen. Hier dürfte die Nähe dieser Forschung zu sozialen Bewegungen, zur Tradition kollektiv organisierter, feministischer Gegenöffentlichkeit sowie zu den historisch bedeutsamen, gemeinschaftsbasierten, feministischen Lebensformen als Alternativen zu einer patriarchal-kapitalistischen Gesellschaft eine zentrale Rolle spielen.

Aktuelle Arbeiten zu Care-Commons und feministischen Alternativökonomien entstammen beiden Traditionssträngen. Im Unterschied zum Gros der Care-Forschung adressieren sie die Frage einer gemeinschaftlichen Neuverteilung von Sorgearbeit jenseits von Staat, Markt und Familie. Dabei bestimmen sie diese Neuverteilung jedoch ebenfalls nicht näher und verhandeln sie zudem überwiegend affirmativ als gegenhegemoniale Praxis gegen kapitalistische Verwertungs- und staatliche Herrschaftslogiken.[52] Das trifft auch auf Gabriele Winkers populäres politisches Manifest *Care Revolution* und seinen emphatischen, wenngleich knappen Bezug auf Gemeinschaftsprojekte als »Übungsfeld« solidarischen Zusammenarbeitens und -lebens zu.[53] In welcher konkreten Beziehung diese Gemeinschaften zu staatlicher Daseinsvorsorge und professionellen Sorge-Dienstleistungen stehen, bleibt ebenso of-

50 Bhattacharya (Hg.), *Social Reproduction Theory*.
51 Luxton, »Friends, Neighbours, and Community«, S. 263 f.
52 Habermann, *Ecommony*, sowie: Mies, »No Commons Without a Community«.
53 Winker, *Care Revolution*, S. 176 ff.

fen wie die Frage nach der Gefahr ihrer staatlichen Vereinnahmung in der Reproduktionskrise. Eine Sensibilität für die Gefahr der Vereinnahmung ist auch deshalb so bedeutsam, weil feministische Praxis und Care-Forschung mitunter nolens volens zu Stichwortgeberinnen für neue sozialstaatliche Konzepte sorgender Gemeinschaften unter Krisenbedingungen geworden sind. So hat die Sozialberichterstattung der Bundesregierung zentrale Konzepte der Care-Forschung aufgegriffen und zugleich um die feministische Kritik an der Ausbeutung unbezahlter Sorgearbeit »bereinigt«. Dass der Sorge-Begriff im sozial- und pflegepolitischen Leitbild »sorgender Gemeinschaften« (vgl. Kapitel 5) als Legitimationsrahmen einer staatsentlastenden Verantwortungsteilung fungiert und dabei seiner feministisch-kritischen Stoßrichtung enthoben wird,[54] wird in der Care-Forschung bislang allerdings nicht problematisiert.

Auch wenn die explizite Affirmation neuer Sozialpolitik als Gemeinschaftspolitik in der Care-Forschung die Ausnahme bleibt, finden sich entsprechende Bezüge vereinzelt in careethischen Perspektiven: Die Ausgangsannahme der Care-Ethik, wonach Menschen als sorgebedürftige Subjekte stets aufeinander angewiesen sind, wird mit einer Kritik am Liberalismus, seiner Betonung individueller Autonomie und Appellen an eine neue Sozialpolitik der gemeinschaftlichen Fürsorgeverantwortung verknüpft. So ist die niederländische Care-Ethikerin Selma Sevenhuijsen der Ansicht, dass Care ein zentraler Bestandteil der von Giddens beworbenen Politik des »Dritten Weges« sein sollte.[55] Sie plädiert ganz im Sinne der neuen Sozialpolitik »sorgender Gemeinschaften« dafür, den sorgenden Bürger zum Ausgangspunkt einer neuen Sozialpolitik zu machen und die Zivilgesellschaft in die Verantwortung von Wohlfahrtsproduktion und Care zu nehmen.

54 Haubner, »Die Grenzen der Gemeinschaft«.
55 Sevenhuijsen, »Caring in the Third Way«, S. 30.

So unterschiedlich die Wohlfahrtsstaats- und Care-Forschung aufgestellt sind, so zeigt sich doch in beiden Feldern, dass wir entweder mit einer Affirmation gemeinschaftsbasierter Sorgepotenziale oder ihrer De-Thematisierung und Vernachlässigung konfrontiert sind – weshalb eine kritische Analyse eben dieser Entwicklung ein auffälliges Forschungsdesiderat bleibt. Dass die Affirmation sowohl neoliberal als auch gegenhegemonial und bewegungsnah verortet sein kann, verweist bereits an dieser Stelle auf die potenziell breite Anschlussfähigkeit eines communitybasierten Kapitalismus.

3 Gemeinschaft(en) als Forschungsgegenstand – Herausforderungen, Leerstellen und Anschlüsse

Gerade weil Gemeinschaftsbezüge in der Sozial-, Pflege- und Kommunalpolitik allgegenwärtig sind, aber kaum ausbuchstabiert werden, widmen wir uns im Folgenden ihrer theoretisch-konzeptionellen Fundierung und zeitdiagnostischen Einordnung. Gemeinschaftsbezüge zielen auf die Affirmation mikro-moralischer Sozialbeziehungen, gehen, so unsere Beobachtung, bei vielen Akteuren mit einer »romance of community«[56] einher und erweisen sich als zentrales, identitätsstiftendes Moment der Verzivilgesellschaftlichung der sozialen Frage. Gemeinschaft trägt nicht nur eine unbestimmt positive Bedeutung, sondern vermittelt, wie Zygmunt Bauman unterstrichen hat, ein gutes Gefühl: »Was immer man unter ›Gemeinschaft‹ verstehen mag: Es ist zweifellos gut, ›zu einer Gemeinschaft zu gehören‹, ›in einer Gemeinschaft zu leben‹.«[57] Als Alltagsbegriff evoziert Gemeinschaft Qualitäten wie Homogenität, Unmittelbarkeit, Natürlichkeit, Lokalität und Nähe, persönliche Bindung, Solidarität und Harmonie im Sinne identischer Interessen. Der Wortstamm verweist auf etwas Geteiltes, und der Gemeinschaftsbegriff ruft eine ganze Bandbreite sozialer Assoziationen auf, von der Gruppe, Nachbarschaft und Familie über die Genossenschaft, den Verband und die Gemeinde, bis hin zur Freundschaft, zur Clique und zum Netzwerk.

Die positiven Alltagsbezüge sind eingebettet in eine lange Diskursgeschichte der Gemeinschaft als Antipoden der moder-

56 Joseph, *Against the Romance of Community*.

57 Bauman, *Gemeinschaften*, S. 7.

nen kapitalistischen Gesellschaft mit ihren entfremdenden Effekten, gilt die Gemeinschaft mit ihren lokalen und engen sozialen Bezügen doch gemeinhin als wertebasiert, in Abgrenzung zur »kalten« Rationalität von Bürokratisierung und Profitorientierung: »Dieser Diskurs beinhaltet eine romantische Erzählung von Gemeinschaft als zeitlich der ›Gesellschaft‹ vorgelagert, die Gemeinschaft in einer längst verlorenen Vergangenheit verortet, nach der wir uns nostalgisch in unserem gegenwärtigen Zustand der Entfremdung, Bürokratisierung, Rationalität sehnen.«[58] Es ist dieses Spannungsfeld von Gemeinschaftsromantik und Verlusterzählung einerseits und der Diagnose einer krisenhaften Gegenwart andererseits, die vielerorts »die Verortung des Gemeinschaftsbegriffs auf einer vorpolitischen, dem politischen Diskurs scheinbar vorgängigen, quasi-natürlichen Ebene«[59] bedingt. Variationen und Konzeptualisierungen der Dichotomie von Gemeinschaft und Gesellschaft begleiten die deutschsprachige Soziologie seit ihren Anfängen (vgl. insbesondere Tönnies[60] und Durkheim[61]), und die Idee der Ablösung kleinräumiger, konkreter Sozialbeziehungen durch abstrakte, institutionell vermittelte und rationalisierte Bezüge macht den Kern von Theorien gesellschaftlicher Modernisierung aus. Vor diesem Hintergrund changieren Gemeinschaftsbezüge zwischen der – normativ unterschiedlich bewerteten – An- und Abwesenheit ihres Gegenstandes: Wo es den einen darum geht, das Verlorengeglaubte in (neuen) Sozialformen der Gegenwart wiederzuentdecken oder zu erwecken, identifizieren andere im Bedeutungsverlust von Gemeinschaft(en) einen Zivilisationsfortschritt. Das Verhältnis von Gemeinschaft und Gesellschaft bzw. ihr Zusammenspiel

58 Joseph, *Against the Romance of Community*, S. 1; eigene Übersetzung.
59 Spitta, »Gemeinschaft, Multitude oder das Kommune«.
60 Tönnies, *Gemeinschaft und Gesellschaft.*
61 Durkheim, *Über soziale Arbeitsteilung*.

bleibt bei den soziologischen Klassikern, insbesondere auch in Ferdinand Tönnies prägendem Werk, dabei eine auffällige Leerstelle.[62]

Die Frage, wieviel Gemeinschaft moderne Gesellschaften brauchen, prägt schließlich seit den 1980er Jahren die Auseinandersetzungen zwischen Liberalen und Kommunitaristen, die in den USA ihren Ausgangspunkt nahmen, wo (wohlfahrts-)staatliche Strukturen und Sicherheiten historisch schwach ausgebildet waren. Kommunitaristen problematisierten die liberale, hyper-individualisierte Konkurrenzgesellschaft und argumentierten für neue, tugendhafte Formen gemeinschaftlicher (Für-)Sorge und gemeinschaftlichen Zusammenhalts. Die durch die Debatte forcierte Zuspitzung des Gegensatzes von Liberalismus und Kommunitarismus adressiert zwar die wichtige Frage nach der Rolle von Gemeinschaften und lokalen Bezügen in modernen, liberalen Gesellschaften, sie verdeckt aber auch wichtige Anschlussstellen neoliberalen und kommunitaristischen Denkens: So ist im deutschen Ordoliberalismus von jeher eine starke, konservativ geprägte Orientierung an Gemeinschaft(lichkeit) auszumachen, stehen doch »die Integrität ›natürlicher‹ Kleingemeinschaften, Solidarität nach dem Subsidiaritätsprinzip, die Entsprechung von Freiheit und Verantwortung gegenüber der Gemeinschaft sowie die Wahrung spezifischer Gemeinschaftswerte«[63] im Zentrum. Im angelsächsischen Raum wiederum ist seit den ausgehenden 1990er Jahren eine Zusammenführung liberaler und kommunitaristischer Denktraditionen zu beobachten, indem das Gemeinschaftsdenken zunehmend »als notwendige und wünschenswerte Ergänzung zum liberalen Gemeinwesen gefasst [wird]«.[64] Vor

62 Gertenbach u. a., *Theorien der Gemeinschaft zur Einführung*, S. 43 ff.

63 Biebricher, *Neoliberalismus*, S. 84.

64 Reese-Schäfer, *Kommunitarismus*, S. 144; vgl. prominent: Etzioni, *Die Verantwortungsgesellschaft*.

dem Hintergrund der republikanischen Tradition der USA wird Gemeinschaft hier weniger in Opposition zu Gesellschaft gesehen, sondern entlang einer sozial-räumlichen Verortung in Gestalt lokaler, örtlicher Gemeinschaften und Nachbarschaften als Fundament der amerikanischen Gesellschaft betrachtet.

Im kommunitaristischen Denken zeigt sich dabei eine normative Offenheit und Anschlussfähigkeit an konservative, linksliberale und progressive Positionen, wie sie, noch ausgeprägter, für den Rekurs auf Gemeinschaft kennzeichnend ist. So wurde einerseits, zumal in Deutschland, »die identitätslogische und anti-gesellschaftliche Variante des Gemeinschaftsbegriffs«[65] in der – von rechter Seite radikalisierten – Tradition von Tönnies einflussreich, und die anti-moderne Gemeinschaftsnostalgie kulminierte in der »Volksgemeinschaft«, der »nationalsozialistischen Gemeinschaftskatastrophe«[66]. Andererseits blicken wir mit der künstlerischen Bohème des ausgehenden 19. Jahrhunderts und den *Neuen Sozialen Bewegungen* des 20. Jahrhunderts auf progressive Bewegungen zurück, die ihre auf die kapitalistische Moderne gerichtete Entfremdungskritik auf das Gegenmodell von »Authentizität und Gemeinschaft«[67] gründeten. Vor allem aber entwickelte sich in Deutschland – im Kontrast zur anglophonen Kommunitarismusdebatte – ein von diesen Bewegungen getragener Rekurs auf Gemeinschaft als Kritik an einer bürgerfernen, expertokratischen Wohlfahrts- und Staatsbürokratie: »Monopol und Verfilzung, Entfremdung und Anonymisierung wurden nicht nur

65 Morgenroth, »Einleitung: Zur Politik der Gemeinschaft«, S. 10.

66 Gertenbach u. a., *Theorien der Gemeinschaft*, S. 45. Die antimoderne, reaktionäre und nationalsozialistische Kontamination des Gemeinschaftsbegriffs hat im deutschen Sprachraum bisweilen zur Folge, dass auf den historisch weniger belasteten Community-Begriff ausgewichen wird.

67 Reichardt, *Authentizität und Gemeinschaft*.

mit den Apparaten der ›Staatsmaschine‹, sondern mit der technokratischen Expertokratie einer fortschritts- und wachstumsgläubigen Industriegesellschaft assoziiert.«[68] Gemeinschaftsaktivist*innen kritisierten den entmündigenden, normierenden und paternalistischen Charakter der Wohlfahrtsbürokratie und stellten ihr die Solidarität »von unten« entgegen. Historisch sind zahlreiche Beispiele sozialer Bewegungen gegen Diskriminierung und Ausgrenzung zu finden, die gemeinschaftliche Unterstützung für diejenigen organisiert haben, die in den staatlichen Wohlfahrtsprogrammen entweder nicht vorgesehen waren oder im Sinne der hegemonialen Bezugsnorm männlich, weiß und heterosexuell regiert wurden: Die Organisation Autonomer Frauenhäuser in der Zweiten Frauenbewegung oder der AIDS-Aktivismus in der Schwulenbewegung, der mit dem Aufbau selbstorganisierter »Communities of Care«[69] einherging, sind nur zwei prominente Beispiele.

Gerade weil die Bezüge auf Gemeinschaften und Communitys empirisch und normativ so ausgesprochen heterogen sind, bleibt das Ausloten der Gemeinsamkeiten und Unterschiede im Sinne einer übergreifenden gesellschaftstheoretischen und zeitdiagnostischen Perspektive ein Desiderat der Forschung – ein Desiderat, das umso schwerer wiegt, als dass Gemeinschaft und Community bis heute als positiv besetzte Alltagsbegriffe allgegenwärtig sind.

Neue Konzepte von Gemeinschaft

Dass breite Anschlussfähigkeit und konzeptionelle Unbestimmtheit zusammenhängen, bedeutet allerdings nicht, dass nicht um eine (Neu-)Bestimmung von Gemeinschaft gerungen wird. So hat insbesondere der anti-moderne, an Abstammung, Brauchtum und Homogenität orientierte, traditionelle

68 Ebd., S. 193.
69 Laufenberg, »Communities of Care«.

Gemeinschaftsbegriff Versuche einer Modernisierung und Re-Akzentuierung bedingt. Im Kontext der Kommunitarismusdebatte hat Axel Honneth einen philosophischen »Minimalbegriff« von Gemeinschaft vorgeschlagen, der den veränderten gesellschaftlichen Verhältnissen Rechnung tragen soll, indem er als »posttraditionale Gemeinschaft« oder »liberal community« auf frei gewählte, allein durch einen intersubjektiv geteilten Wertehorizont bestimmte Zusammenhänge rekurriert.[70] Stärker empirisch ausgerichtet haben die Soziolog*innen Ronald Hitzler, Anne Honer und Michaela Pfadenhauer die zunehmende Evidenz posttraditionaler, von Familie und Abstammung gelösten Gemeinschaften zum Anlass genommen, das Gemeinschaftskonzept von seiner essenzialisierenden Bestimmung und Zwangsförmigkeit zu befreien und den Blick auf den Formwandel von Gemeinschaften in der Spätmoderne zu richten. Das gemeinschaftliche »Wir« wird aus dieser Perspektive »vom Schicksal zur Aufgabe«.[71]

Seit den 1990er Jahren gewinnt zudem ein kritischer Diskurs an Fahrt, der schwerpunktmäßig in der französischen Politischen Philosophie verankert ist und die Dekonstruktion von Gemeinschaft in der anti-modernen, essenzialistischen Tradition zum Ziel hat. Gemeinschaft wird hier als »Chiffre und Kristallisationspunkt einer Theorie des Politischen«[72] bestimmt und in Hinsicht auf eine Neubewertung des Verhältnisses von institutionalisierter Politik und radikal demokratischer Kraft des Politischen »als produktiver Integrations- und Dissoziationsbegriff«[73] angesehen. Ausgangspunkt dieser Ansätze ist eine soziale »Ontologie des Mitseins«[74] – und damit

70 Honneth, »Posttraditionale Gemeinschaften«, S. 261.
71 Hitzler u. a., *Posttraditionale Gemeinschaften*, S. 10.
72 Morgenroth, »Einleitung: Zur Politik der Gemeinschaft«, S. 9.
73 Ebd.
74 Gertenbach u. a., *Theorien der Gemeinschaft*, S. 160.

eine klare Abgrenzung vom Liberalismus –, aus der jedoch keine spezifische Form oder Qualität von Gemeinschaft abgeleitet wird. Konkrete Gemeinschaften haben demzufolge gerade keine vorgängige Essenz, Substanz oder Bestimmung, sondern sind gekennzeichnet durch ein gewähltes *Commitment*, durch eine »commonality, a solidarity that in no way concerns an essence«[75]. Sie erweisen sich als heterogene, dynamische Entitäten mit freiwilliger und wandelbarer Mitgliedschaft, ohne Ursprung und – so insbesondere Jean-Luc Nancy[76] – gekennzeichnet durch Unabschließbarkeit.

Diese Versuche einer Neubestimmung von Gemeinschaft sind nicht ohne Kritik geblieben. Creed stellt fest, dass die verschiedenen kritischen Re-Akzentuierungen angesichts der starken gesellschaftlichen Verankerung eines positiv-nostalgischen Gemeinschaftsbezugs ironischerweise zu einer unkritischen Verbreitung des Konzepts beigetragen hätten: »Wiederholte Kritiken haben die Wahrnehmung befördert, dass sich alle der Probleme des Gemeinschaftskonzepts voll bewusst sind, und diese Wahrnehmung autorisiert seine weitere unkritische Verwendung.«[77] Ähnlich argumentiert Jacques Derrida, der betont, die Illusion einer natürlichen Zusammengehörigkeit sei so wirkmächtig, dass sie die Versuche, den Begriff der Gemeinschaft zu rehabilitieren, fortwährend durchkreuzen: »Bejaht, verneint oder neutralisiert, stets gingen diese gemeinschaftlichen, ›kommunitaristischen‹ oder ›kommunalen‹ Werte mit dem Risiko einher, den Bruder wiederkehren zu lassen.«[78]

75 Agamben, *The Coming Community*, S. 19.
76 Nancy, *Die undarstellbare Gemeinschaft*.
77 Creed, »Reconsidering Community«, S. 20; eigene Übersetzung.
78 Derrida, *Politik der Freundschaft*, S. 399.

Posttraditionale Gemeinschaften und der flexible Kapitalismus

Neben der Gefahr, dass der traditionelle Gehalt des Gemeinschaftstopos sich stets erneut Bahn bricht, ist für unsere Analyse entscheidend, dass sich gerade die kritische Neubestimmung von Gemeinschaft als *freiwillig gewähltes Commitment* als anschlussfähig an Prämissen des flexiblen Kapitalismus erweist. Es ist diese Form der Gemeinschaft als gewählte Aufgabe, d.h. ihre konsequente De-Naturalisierung und Ent-Essenzialisierung, die erst die Voraussetzungen dafür schafft, dass sie zum Gegenstand von (politischer) Steuerung und Aktivierung werden kann. Die zuvor skizzierte Aktivierung von (Für-) Sorge im sozialstaatlichen Gefüge der Gegenwart zeigt, dass es hier gerade nicht um eine Rückbesinnung auf traditionelle Gemeinschaften und auch nicht ausschließlich um primäre soziale Netze der Familie geht, sondern um die Erschließung neuer posttraditionaler Gemeinschaften und ihrer Sorgequalitäten – um Vereine, Bürger- und Nachbarschaftsinitiativen, Freundschaften, Selbsthilfegruppen, Nichtregierungsorganisationen oder digitale Netzwerke. Die im kritischen, posttraditionalen Gemeinschaftsdiskurs verbreitete Position, die Überwindung der traditionalen Restbestände des Gemeinschaftskonzepts leite (mehr oder weniger) automatisch in eine emanzipatorische Gemeinschaftsperspektive über, verkennt ebendiese Einbettung posttraditionaler Gemeinschaften in die politökonomischen Bedingungen des Gegenwartskapitalismus und seiner sozialpolitischen Governance.

Entscheidend ist in diesem Zusammenhang auch, dass ein wesentliches Bestimmungskriterium von Gemeinschaft (in Abgrenzung zur Gesellschaft) unhinterfragt bleibt bzw. sogar als zentraler Bezugspunkt einer emanzipatorischen Re-Akzentuierung von Gemeinschaft dient: Dies betrifft die Unmittelbarkeit, Personalität und Emotionalität sozialer Bezüge in

Gemeinschaftskontexten, die affirmiert und der abstrakten Rationalität, Anonymität und Mittelbarkeit von Vergesellschaftung entgegengestellt werden. Die unkritische Affirmation dieser Konkretheit personaler Bezüge im Gemeinschaftsdiskurs unterschätzt die Kehrseiten intimer Beziehungen, die insbesondere Richard Sennett gerade für alternative Bewegungen herausgearbeitet hat. Er betont, dass die Idee der Gemeinschaft in der zweiten Hälfte des 20. Jahrhunderts (und anders als zu Tönnies Zeiten) »die rückhaltlose Enthüllung der eigenen Gefühle vor anderen mit einem moralischen Zustand – einem Zustand der Authentizität, des Vertrauens – gleichgesetzt, nicht aber mit einem sozialen Zustand, der zu seiner Erhaltung auf personalistische, hierarchische Bindungen angewiesen wäre«[79]. Sennett erkennt das Bestreben an, »von einer besseren Familie zu träumen, in der niemand leidet«, damit werde jedoch eine Idee von Gemeinschaft gestärkt, in der die »destruktive Konkurrenz um persönliche Legitimität weiter die Regel sein [werde]«, von der Problematik, intime Erfahrungen zum »Modell für eine Umgestaltung der Gesellschaft«[80] hoch zu skalieren, ganz zu schweigen. Indem die Kehrseiten personaler Bezüge unbenannt bleiben, gerät für unseren Untersuchungsgegenstand der sozialen Sorge und Sicherheit aus dem Blick, welche Konsequenzen es hat, wenn diese auf der Basis konkreter, persönlicher Bindung und Abhängigkeit organisiert werden – und zwar auch dann, wenn diese Form posttraditional und anti-essenziell angelegt ist (vgl. zu dieser Problematik Kapitel 7).

Um diese Problematik weiter auszuleuchten, sind die Arbeiten von Roberto Esposito weiterführend, der aufzeigt, dass der entscheidende Punkt von Gemeinschaften nie die Essenz und Schicksalshaftigkeit war, sondern vielmehr das, was sich

79 Sennett, *Verfall und Ende des öffentlichen Lebens*, S. 133.
80 Ebd., S. 158.

die Gemeinschaftsmitglieder »schulden« – womit er genau die Frage adressiert, die im kritischen Gemeinschaftsdiskurs wie auch in der sozialpolitischen Affirmation gemeinschaftsbasierter Solidarität unterbelichtet bleibt: »Welches ist die ›Sache‹, die die Mitglieder der Gemeinschaft gemein haben? Und ist es wirklich ›etwas‹ im positiven Sinne? Ein Gut, eine Substanz, ein Interesse? [...] Daraus ergibt sich, daß communitas die Gesamtheit von Personen ist, die nicht durch eine ›Eigenschaft‹, ein ›Eigentum‹, sondern eben durch eine Pflicht oder durch eine Schuld vereint sind.«[81] Was die Gemeinschaft teilt, ist »kein Haben, sondern im Gegenteil eine Schuld, ein Pfand, eine zu-gebende-Gabe«[82]. Mit der Figur der Gabe ruft er die Zweiwertigkeit von »Gabe und *Verpflichtung*, Wohltat und *Leistung*, Zusammenschluss und *Bedrohung*«[83] auf und damit die Kehrseiten der sozialen Einbindung über persönliche Schuld und Verpflichtung; bereits in Marcel Mauss' *Soziologie der Gabe*[84] wird die ambivalente Gleichzeitigkeit der Gabe als freiwillig *und* obligatorisch ersichtlich. Esposito stellt der *Communitas* die *Immunitas* als Entlastung von der »zu-gebenden-Gabe« entgegen, wobei er den Vertrag als zentrale Institution des »immunitären Projekts der Moderne« identifiziert.[85] Vertrag und Recht haben demzufolge das Potenzial, die »vergifteten Früchte« der Gabe und die mit ihr verbundenen Abhängigkeiten zu neutralisieren.[86]

Mit Esposito kann die Verzivilgesellschaftlichung der sozialen Frage als unausgesprochene Wiederkehr der Gabe in den

81 Esposito, *Communitas*, S. 15.
82 Ebd., S. 16.
83 Ebd., S. 26 (Hervorhebung der Autorinnen).
84 Mauss, *Die Gabe*.
85 Esposito, *Communitas*, S. 25.
86 Ebd., S. 27.

sozialpolitischen Diskurs verstanden werden.[87] Die entscheidende, über seine Arbeit hinausgehende Frage ist die nach der konkreten Regierung der *Communitas* im flexiblen Kapitalismus, deren neue Qualität Nikolas Rose herausstellt: »Die ›Community‹ [wird] aufgrund einer Vielzahl wissenschaftlicher Darstellungen, Forschungen und statistischer Untersuchungen zu einer kalkulierbaren Größe und damit zur Voraussetzung und zum Gegenstand von Techniken des Regierens.«[88] Auf die Foucault'sche Gouvernementalitätsperspektive mit ihrer Akzentuierung der Verschränkung von Selbst- und Fremdführung rekurrierend, arbeitet Rose heraus, wie diese Steuerung dezidiert darauf setzt, dass »die individuellen Selbstregulierungspotenziale im gesamten Spektrum der Schauplätze und Orte genutzt werden, das heißt in Initiativen, Vereinen, ›Kiez‹-Projekten, Interessengruppen und natürlich in den ›Communitites‹«. Damit übersetzt sie das, was in den 1960er und 1970er Jahren »als Diskurs des Widerstands und der Gegenkultur begonnen hatte«, in staatliche »Gemeinschafts-Entwicklungsprogramme«[89]. Es ist dieser Modus der Steuerung, der den ambivalenten Charakter der Indienstnahme der Ressource Gemeinschaft zu erkennen hilft: Hier wird deutlich, dass an die Stelle der Zwangsförmigkeit traditionaler Gemeinschaften nicht die Freiheit, sondern die Regierung posttraditionaler Gemeinschaften im Modus der Freiwilligkeit getreten ist – wobei diese Freiwilligkeit, mit Esposito gesprochen,

87 Parallel zu dieser Entwicklung ist interessanterweise eine Re-Vitalisierung von Gabentheorien im Anschluss an Marcel Mauss zu beobachten, die auf Gabepraktiken als solidarische Alternative zu Markt und Staat setzen und gerade den von Esposito problematisierten, beziehungsstiftenden Charakter dieser Praxis sowie die Gegenseitigkeitsnorm als Alternative zu Marktbeziehungen starkmachen. Vgl. zum Beispiel Exner, »Gabe statt Tausch«; Adloff, »Politik der Gabe«.

88 Rose, »Tod des Sozialen?«, S. 105.

89 Ebd., S. 81.

in Gemeinschaftsbezügen durch moralische Affizierung und »Schuld« abgesichert wird. Offen bleibt in den durch die Foucault'sche Gouvernementalitätsperspektive inspirierten Arbeiten zur »Regierung durch Community«[90] allerdings, welche konkreten Folgen dies für die Organisation von Arbeit und Sorge sowie die Klassenverhältnisse im Gegenwartskapitalismus hat. An genau diesem Punkt setzt unsere Forschung an.

Welche Probleme sind damit verbunden, wenn Gemeinschaften nicht nur Zielgröße und Modus politischer Steuerung, sondern auch Ressource in Krisenzeiten werden? Unsere Aufmerksamkeit richtet sich empirisch wie konzeptionell im Folgenden auf Ansätze und Praktiken im sozialpolitischen Feld, die »Gemeinschaft zum Gesellschaftsmodell verallgemeinern«[91] und damit strukturelle, sozio- und polit-ökonomische Zusammenhänge, soziale Konflikte und Interessengegensätze de-thematisieren. Entscheidend ist, dass unsere Problematisierung an dieser Verallgemeinerung ansetzt, dass es also weder um die Kritik jeglicher gemeinschaftlicher (Für-)Sorge geht, noch darum, die Selbstorganisation von gesellschaftlich marginalisierten Gruppen zu problematisieren. Die Problematisierung setzt vielmehr dort ein, wo zur Bearbeitung der Krise der sozialen Reproduktion eine »Gesellschaft der Fürsorglichkeit« etabliert werden soll, in der die Gabe an die Stelle des sozialen Rechts tritt und die Regierung von Gemeinschaft (als Zielgröße) sowie die Steuerung im Modus von freiwilliger Selbstregulierung und (schuldhafter) Gemeinschaftsbindung dazu dienen, nicht entlohnte (Sorge-)Arbeit zu rekrutieren und auszubeuten.

90 Vgl. für diese Perspektive auch Bröckling, »Gleichgewichtsübungen«.
91 Vobruba, »Die populistische Anrufung«, S. 226.

4 Freiwilliges Engagement als Pfeiler der sozialen Daseinsvorsorge

Um unsere Diagnose des Community-Kapitalismus empirisch zu plausibilisieren, bevor wir sie im achten Kapitel konzeptionell ausarbeiten, diskutieren wir in den folgenden drei Kapiteln Beispiele für die Verknüpfung von Posterwerbsarbeit und Gemeinschaftspolitik unter Bedingungen der Krise der sozialen Reproduktion. Von zentraler, wachsender Bedeutung ist diesbezüglich das große Feld des sogenannten freiwilligen Engagements. Engagement – oft als zivilgesellschaftliches oder bürgerschaftliches Engagement bezeichnet, mitunter auch unter dem älteren Topos des Ehrenamts firmierend – wird dadurch charakterisiert, dass es freiwillig, mit gemeinnützigem Anliegen und ohne Erwerbszweck ausgeführt wird.[92] Für die deutschsprachige Debatte ist die Definition der Enquete-Kommission zur »Zukunft des Bürgerschaftlichen Engagements« prägend, die zusätzlich vorsieht, dass das Engagement öffentlich stattfindet und (mehrheitlich) gemeinschaftlich bzw. kooperativ betrieben wird.[93] Strittig ist die Definition des öffentlichen Raums und inwiefern Formen der informellen Unterstützung im Alltag, der Solidarität unter Nachbarn oder Freund*innen und Praktiken der organisierten Selbsthilfe als Engagement einzuordnen sind.[94] Wir behandeln diese Aktivitäten nicht als freiwilliges Engagement, sondern als eigenständige Formen nicht entlohnter Arbeit im sozialen Nahraum (vgl. Kapitel 6). Wir verwenden neben dem Begriff

92 Z. B. United Nations, *International Year of the Volunteer*, S. 2.
93 Deutscher Bundestag, *Bürgerschaftliches Engagement*, S. 38.
94 Vogel u. a., »Zusammenspiel des freiwilligen Engagements«, S. 285 ff.

des freiwilligen Engagements im Folgenden auch den Begriff der Freiwilligenarbeit, um auf den ökonomisch relevanten Arbeitscharakter dieser Tätigkeiten hinzuweisen.

Drei Konjunkturen von Engagement und Freiwilligenarbeit

Nimmt man freiwilliges Engagement im (west-)deutschen Wohlfahrtsstaat der zweiten Hälfte des 20. Jahrhunderts und des beginnenden 21. Jahrhunderts in den Blick, werden drei diskursive und politische Konjunkturen ersichtlich. Die erste Konjunktur stellt das Aufkommen der Neuen Sozialen Bewegungen dar, durch die Normalitätsmuster des fordistisch-keynesianischen Wohlfahrtsstaates infrage gestellt wurden und die Mitte der 1970er Jahre eine Reformbewegung für mehr Bürgernähe in der Kommunalpolitik antrieben. Eine wachsende Zahl von Menschen wehrte sich gegen eine bürokratische, als entmündigend empfundene Expertenkultur und protestierte gegen ein Sicherheitsversprechen, das an die Institutionalisierung von »Normalarbeitsverhältnis«, »Normalbiografie« und heterosexueller »Normalfamilie« gebunden war. Wissenschaftliche Veröffentlichungen setzten sich im Lichte dieser Entwicklungen in den 1980er und frühen 1990er Jahren kritisch mit der staatlichen Einhegung, Inanspruchnahme und Kooptierung von zivilgesellschaftlichen Alternativprojekten auseinander.[95]

In den 1980er Jahren gewann angesichts zunehmender Arbeitslosigkeit und einer Politik der Frühverrentung ein neuer Debattenstrang an Fahrt, der im Kontext der Diskussionen um das »Ende der Arbeit«[96] zu verorten ist. Das Engagement wechselt nun seine Gestalt von einer zivilgesellschaftlichen Gegenmacht »von unten« hin zu einem »Krisenabsorber« und

95 Z. B. Müller/Rauschenbach, *Das soziale Ehrenamt.*
96 Rifkin, *Das Ende der Arbeit und ihre Zukunft.*

steht in dem Ruf, die schrumpfende Aufnahmekapazität des Arbeitsmarktes zu kompensieren, gemeinnützige Betätigung für Arbeitslose zu bieten sowie den früh in den Ruhestand Entlassenen eine sinnvolle Beschäftigungsalternative zu bieten. Ab Ende der 1990er Jahre findet mit der dritten Welle und im Rahmen des wohlfahrtsstaatlichen Paradigmenwechsels eine weitere Neubestimmung zivilgesellschaftlicher Aktivitäten statt, die diese nicht nur als Hort der Beschäftigung Nichterwerbstätiger, sondern auch als ertragreiche ökonomische Ressource in den Blick nimmt. Zu beobachten ist eine Entwicklung hin zu »Freiwilligkeit als gesellschaftliche Produktivitätsressource«[97], mit der eine »Aufwertung der helfenden und karitativen Formen des freiwilligen Engagements zulasten ihrer demokratischen Protest- und Kritikfunktion«[98] einhergeht. Das Interesse an freiwilligem Engagement richtet sich dabei ganz im Sinne der aktivierenden Arbeitsmarktpolitik zum einen auf die »Brückenfunktion bürgerschaftlichen Engagements«[99], d.h. auf seine beschäftigungsfördernden Effekte und damit auf die Frage der Employability der Engagierten. Zum anderen erscheinen zahlreiche Analysen, die sich der Bedeutung von Engagement im (neuen) »Wohlfahrtsmix« widmen.[100]

Tatsächlich hat sich seit den ausgehenden 1990er Jahren nicht nur die Nachfrage nach unentgeltlicher Daseinsvorsorge verändert, sondern es wird als Folge von Individualisierungs- und Emanzipationsprozessen auch auf der »Angebotsseite« ein »Strukturwandel des Ehrenamts«[101] diagnostiziert, im

97 Neumann, *Das Ehrenamt nutzen*, S. 137; vgl. kritisch zu dieser Entwicklung auch: Dahme/Wohlfahrt, »Zivilgesellschaft und ›managerieller‹ Staat«.

98 Neumann, *Das Ehrenamt nutzen*, S. 244.

99 Stecker, »Zur Brückenfunktion«, S. 51.

100 Z.B. Evers/Olk, *Wohlfahrtspluralismus*.

101 Beher u.a., *Strukturwandel des Ehrenamts*.

Zuge dessen sich die Motive und bevorzugten Einsatzformen der Engagierten gewandelt haben: Statt langjähriger Vereinsmitgliedschaft auf der Basis eines traditionell verankerten christlich-humanistischen Altruismus werden nun kurzfristige, zu den jeweiligen biografischen Lebens- und Erwerbsphasen passende Einsätze bevorzugt. Der Strukturwandel des Ehrenamtes und die zunehmende ökonomische Bedeutung des Engagements stehen dabei in einem Korrespondenzverhältnis: Die gewandelten gesellschaftlichen Ansprüche an Engagement und die gesteigerte Nachfrage lassen aus Sicht der politischen Akteure eine neue symbolische und materielle Anreizstruktur und Förderpolitik erforderlich werden.

Wenn wir diese Politik im Folgenden kritisch beleuchten, heißt das nicht, dass es einen unmittelbaren, (wohlfahrts-) staatlichen Zugriff auf die freiwillige Arbeit von Engagierten gibt. Im Vergleich zur sanktionsbasierten, erwerbsarbeitsbezogenen Aktivierung stellt sich deshalb die Frage, ob und wie es gelingt, das freiwillige Engagement an (neuen) Erfordernissen in der Daseinsvorsorge und Infrastruktur auszurichten. Davon ist unbenommen, dass es weiterhin vielfältiges Engagement gibt, das – im Sinne vieler Selbstorganisationsprojekte der 1970er Jahre – als widerständige Antwort auf staatliche Systeme verstanden werden kann. Auch stoßen wir auf »rebellisches Engagement«[102], das die strukturellen Rahmenbedingungen der Indienstnahme durch den Staat explizit herausfordert.

Der Staat als Treiber der Freiwilligengesellschaft

Der Staat erweist sich in dreifacher Hinsicht als Treiber der Freiwilligengesellschaft: *erstens* in diskursiver und programmatischer Hinsicht durch die moralische Aufwertung von Gemein-

102 Van Dyk u.a., »Rebellisches Engagement ist gefragt«.

schaftsbezügen und die Aufforderung zum gemeinschaftsstärkenden Engagement; *zweitens* durch (materielle) Förderprogramme und Policy-Instrumente sowie *drittens* durch eine Politik des Unterlassens, die Lücken der Infrastruktur und Daseinsvorsorge erzeugt, die selbsttätig von engagierten Bürger*innen geschlossen werden.

Die (diskurs-)politische und programmatische Neubestimmung gewinnt Fahrt mit der Einrichtung der Enquete-Kommission »Zukunft des bürgerschaftlichen Engagements« im Jahr 1999[103] und setzt sich fort mit der Nationalen Engagementstrategie (2010) sowie zahlreichen symbolischen Würdigungen in Gestalt von Preisen und Engagementkampagnen. Was die Aufrufe zum Engagement betrifft, durchzieht eine Diktion vom Engagement als Bürgerpflicht sowie die Betonung einer neuen Verantwortungsteilung im Wohlfahrtsmix einschlägige Verlautbarungen. So heißt es im Abschlussbericht der Enquête-Kommission: »Unter dem Stichwort einer neuen Verantwortungsteilung wird in der Bürgergesellschaft mehr bürgerschaftliche Verantwortung von den Bürgerinnen und Bürgern erwartet – ohne dass dies vom Staat erzwungen wird. [...] Formen der Selbstverpflichtung werden umso notwendiger, je stärker sich der Staat von geltenden Regelungsansprüchen zurückzieht und Aufgaben, die nicht staatlich geregelt werden müssen, bürgerschaftlichen Akteuren überantwortet.«[104] Zentrale Aufgabe einer zu etablierenden staatlichen Engagementpolitik sei es vor diesem Hintergrund, das »aktive Handeln in der Gemeinschaft«[105] zu fördern. In der Begründung des Ehrenamtsstärkungsgesetzes von 2013 ist der Ver-

103 Vergleichbare Kommissionen und Task Forces finden sich in vielen Ländern des globalen Nordens; für einen Überblick vgl. Brudney/Meijs, »It Ain't Natural«.

104 Deutscher Bundestag, *Bürgerschaftliches Engagement*, S. 33

105 Ebd., S. 25.

weis auf die Haushaltslage und den Rückzug des Staates zentral: »In Zeiten knapper öffentlicher Kassen gewinnt die Förderung und Stärkung der Zivilgesellschaft an Bedeutung, denn die öffentliche Hand wird sich wegen der unumgänglichen Haushaltskonsolidierung auf ihre unabweisbar notwendigen Aufgaben konzentrieren müssen. Es ist daher notwendig, Anreize für die Bereitschaft zum bürgerschaftlichen Engagement zu stärken.«[106] Insbesondere in strukturschwachen Regionen seien zur Förderung gleichwertiger Lebensverhältnisse ehrenamtliche »Kümmererstrukturen« einzuführen und auszubauen.[107] Adressiert wird dabei nicht nur die neue Verantwortungsteilung zwischen Staat und Zivilgesellschaft, sondern auch die Re-Akzentuierung des Verhältnisses von Familie und Zivilgesellschaft. Es gelte, so der Tenor, das Engagement im Lichte demografischen und familialen Wandels als Ersatzfamilie zu stärken, »eine moderne Antwort auf den Wunsch der Menschen nach Gemeinschaft«[108] zu finden, »›Wahlverwandtschaften‹ zu erweitern« und traditionelle Formen der Solidarität in »zivilgesellschaftlich geleistete und geschlechtergerecht organisierte Subsidiarität«[109] zu überführen.

In der jüngeren Vergangenheit sind im politischen Feld vermehrt auch kritische Töne bezüglich eines allzu instrumentellen Zugriffs auf freiwilliges Engagement zu vernehmen: In der Engagementstrategie des zuständigen Ministeriums wird zum Beispiel eine Neuausrichtung der Engagementpolitik angekündigt, die darin bestehe, diese »strikt in dem Bewusstsein voranzutreiben, dass bürgerschaftliches Engagement niemals vom Staat zur Aufrechterhaltung öffentlicher Leistungen

106 Deutscher Bundestag, *Entwurf eines Gesetzes zur Entbürokratisierung des Gemeinnützigkeitsrechts*, S. 8.
107 BMI/BMEL/BMFSFJ, *Unser Plan für Deutschland*, S. 22.
108 BMFSFJ, *Dokumentation zur Auftaktveranstaltung*, S. 8.
109 BMFSFJ, *Siebter Altenbericht*, S. 53.

instrumentalisiert werden darf«.[110] Inwiefern eine für staatliche Instrumentalisierung sensible Programmatik tatsächlich wirkmächtig werden kann, hängt jedoch von den strukturellen Rahmenbedingungen ab, die es im Folgenden zu beleuchten gilt.

Parallel zur (diskurs-)politischen Akzentuierung von Engagement und Freiwilligenarbeit sind *zweitens* auch in materieller Hinsicht zahlreiche Förderungen und Anreize auf den Weg gebracht worden. Zu nennen sind hier die Einrichtung einer bundesweiten Engagement-Stiftung im Frühjahr 2020 sowie vielfältige Förder- und Modellprogramme auf Bundes-, Landes- und kommunaler Ebene, wie das Bundesmodellprogramm Mehrgenerationenhäuser, das Programm »Engagierte Stadt« oder die Förderinitiative »Aktiv im Alter – Alter schafft Neues«. Die meisten Förderprogramme sind befristet und projektbezogen angelegt und erschweren die langfristige Etablierung nachhaltiger, auch hauptamtlich getragener Strukturen. In vielen Fällen gehen Förderung und »Unterförderung« Hand in Hand, was strukturell auch dadurch bedingt ist, dass Freiwilligenarbeit als kostengünstige Ressource von wachsendem Interesse ist. Neben der Projekt- und Programmförderung investiert die Politik aber auch längerfristig in den Ausbau von Engagement(-Strukturen). 2011 wurde mit der Gründung des Bundesfreiwilligendienstes (BFD) ein den vormaligen Zivildienst ablösendes und stark verdienstlichtes Engagement mit monetärer Aufwandsentschädigung geschaffen, das erstmals auch Erwachsenen, die älter als 27 Jahre sind, offensteht. Mit dem Ehrenamtsstärkungsgesetz von 2013 wurden die Ehrenamts- und Übungsleiterpauschale, über die freiwilliges Engagement in verschiedenen Bereichen aufwandsentschädigt werden kann, von 500 auf 720 Euro (Ehrenamts-

110 BMFSFJ, *Engagementstrategie*.

pauschale) bzw. 2100 auf 2400 Euro (Übungsleiterpauschale) im Jahr angehoben, 2020 erfolgte eine weitere Anhebung auf 840 bzw. 3000 Euro.[111] Finanzielle Anreize zum Engagement werden auch über die Arbeitsmarktpolitik gesetzt, insbesondere durch die Neureglung der Zuverdienstgrenze im ALG-II-Bezug, die innerhalb weniger Jahre von 60 auf 200 Euro monatlich angehoben wurde. Darüber hinaus existieren zahlreiche Programme mit monetären Engagementanreizen auf Landesebene. Ein besonders zentrales Feld der Engagementförderung mit Vorreiterfunktion ist schließlich das Feld der (Alten-)Pflege, dem wir aufgrund seiner herausgehobenen Stellung ein eigenes Kapitel widmen.

Neben programmatischer Aufwertung und materieller Förderung wirken *drittens* im Sinne einer Politik des Unterlassens sozialstaatliche Kürzungen, ausbleibende Kostenanpassungen sowie die selektive wohlfahrtsstaatliche Bearbeitung neuer Bedarfe als Engagement-Treiber. Dies kommt insbesondere auf kommunaler Ebene zum Tragen, müssen hier doch die bundes- und landespolitisch etablierten Rechtsansprüche (z. B. auf einen Kitaplatz oder Ganztagsbetreuung in der Schule) umgesetzt und freiwillige Aufgaben der Daseinsvorsorge (z. B. Schwimmbäder, Spielplätze, Altenhilfe, Kulturangebote) unter zunehmend knapperen Budgets realisiert werden, wofür verstärkt auf Freiwillige zurückgegriffen wird. Der Zweite Engagementbericht der Bundesregierung hält mit kritischem Blick auf die Folgen der Monetarisierung des Engagements fest: »Engagierte erzielen einen finanziellen Nutzen und Organisationen schaffen sich eine im Vergleich zu sozialversicherungspflichtiger Beschäftigung kostengünstigere Personalres-

111 In einigen Bereichen (v. a. Sport, Kultur, Gesundheit) ist es üblich geworden, die Übungsleiterpauschale mit einem Mini-Job zu kombinieren, eine auch bei Wohlfahrtsverbänden beliebte »Lösung«, die zur Prekarisierung von Arbeit beiträgt.

source, die zugleich die Wettbewerbsfähigkeit freigemeinnütziger Träger in bestimmten Märkten erhöht. Kommunen können durch bezahltes Ehrenamt Kosten reduzieren.«[112] Gefragt ist auf kommunaler Ebene eine große Bandbreite von nicht regulär entlohnten Tätigkeiten. Die Kölner Freiwilligenagentur suchte beispielsweise im Herbst 2019 Ehrenamtliche für folgende Aufgaben: »Betreuung und Begleitung von Heimkindern, Sprachkurse für Migranten, Frühstückszubereitung in einem Backpacker-Hostel, Grünanlagenpflege und Gerätewartung in einem Sportverein, Transport von Mittagessen zwischen verschiedenen Kindertagesstätten, Kontakte und Besuche im Altenzentrum, Krankenhaus-Besuchsdienste«[113], viele der Tätigkeiten verbunden mit Aufwandsentschädigungen. Stimmen im bundespolitischen Engagementdiskurs, die vor einer Instrumentalisierung des Engagements warnen, erweisen sich vor diesem Hintergrund als unglaubwürdig: Zum einen werden sie durch fortgesetzte instrumentelle Verlautbarungen, v.a. im Kontext der Geflüchtetenhilfe und der Daseinsvorsorge in ländlichen Räumen, konterkariert, zum anderen bleiben die strukturellen Bedingungen des empirisch evidenten Rückgriffs auf freiwillige Arbeit unterbelichtet und sozialpolitisch unbearbeitet.

Beispiele für die Indienstnahme von Engagement

Wir haben für unser Forschungsprojekt Engagierte und Hauptamtliche in Brandenburg und Baden-Württemberg interviewt,[114] die beispielreich beschreiben, wo und wie Enga-

112 BMFSFJ, *Zweiter Bericht über die Entwicklung des bürgerschaftlichen Engagements*, S. 268.

113 Pinl, »Solidaritätsdumping«, in: *die tageszeitung*, 19. 10. 2010.

114 Es handelt sich um problemzentrierte Interviews mit 46 Engagierten und leitfadengestützte Gespräche mit 80 Expert*innen in jeweils zwei Mittelstädten und Landkreisen in Brandenburg und Baden-Württemberg (siehe Fußnote 12).

gierte für Aufgaben der sozialen Daseinsvorsorge, Infrastruktur und Bildung Verantwortung tragen:

Fokus Kita und Schule: Ein verrentetes Lehrerehepaar, das in einem Mehrgenerationenhaus in einer brandenburgischen Kleinstadt ehrenamtlich aktiv ist, berichtet, wie sie zum Kita-Ersatz für die wachsende Zahl von Geflüchtetenkindern im Landkreis geworden sind, für die es keine Plätze im regulären Betreuungsangebot gibt. Im Mehrgenerationenhaus gibt es jedoch weder adäquate Räumlichkeiten und Ausstattung für Kleinkinder noch die für Frühförderung erforderlichen Fachkräfte. Eine ehrenamtliche Schulmediatorin an einer Brandenburger Grundschule und eine Engagierte, die als Jugendbegleiterin in Baden-Württemberg tätig ist,[115] berichten, dass der schulische Alltag ohne die Ehrenamtlichen nicht funktionieren würde. Die Jugendbegleiterin, die soziale Gruppenarbeit, Sprachförderung für Kinder von Geflüchteten und Hausaufgabenbetreuung anbietet, berichtet im Interview: »Das sagen die auch in der Schule immer: Gut, dass wir euch haben als Jugendbegleiter. Und dass ihr da seid. Sonst wüssten die ja gar nicht, was sie machen sollen.« Frage der Interviewerin: »Und wenn jetzt die Jugendbegleiter sagen wir mal zwei Wochen lang alle ausfallen würden, was wäre dann los in der Schule?« Antwort: »Dann wäre Chaos. Dann müsstest du [die Schule] schließen.«

Fokus begleiteter Umgang von Kindern: Im Bürgerlichen Gesetzbuch (BGB) ist der professionelle, begleitete Umgang für Trennungs-/Scheidungsfamilien geregelt, in denen der Umgang mit einem Elternteil problematisch ist. Eine Mitarbeite-

115 Das *Jugendbegleiterprogramm* wird zur Abdeckung der Ganztagsbetreuung an Schulen vom Land gefördert: Im Schuljahr 2018/2019 waren über 23 000 Jugendbegleiter*innen aktiv, die mit Aufwandsentschädigungen von 8,50 Euro pro Stunde in jeder Schulwoche ca. 45 000 Stunden Bildungsangebote durchführten.

rin des Kinderschutzbundes, die die die ehrenamtlich organisierte Umgangsbegleitung verantwortet, betont: »Das ist eine gesetzliche Vorschrift, die wir hier umsetzen, die an sich vom sozialen Dienst im Landratsamt umgesetzt werden müsste. Deren ureigenste Aufgabe ist eine Hilfe zur Erziehung. Und die Landratsämter sourcen diesen Bereich häufig aus, weil es ein sehr zeitaufwendiger und sehr intensiver Bereich ist, der damit auch sehr viele Kapazitäten binden würde. Kostenintensiv wäre, dadurch wird er outgesourct. Und es ist bundesweit so, dass es schwerpunktmäßig der Kinderschutzbund übernommen hat.« Die Engagierten erhalten dafür eine Aufwandsentschädigung von 7,50 Euro pro Stunde.

Fokus Kommunale Infrastruktur: In vielen Kommunen werden Institutionen der öffentlichen Infrastruktur wie Freibäder, Museen oder Bibliotheken geschlossen oder leiden unter umfangreichen Mittelkürzungen; auch die Finanzierung und Aufrechterhaltung des öffentlichen Nahverkehrs erweist sich in ländlichen Regionen als Herausforderung. Freiwillige springen ein und engagieren sich, um die entstehenden Lücken zu schließen: Sie renovieren das örtliche Schwimmbad, halten die Stadtteilbibliothek am Laufen, nachdem der Vertrag mit der Bibliothekarin nicht verlängert wurde, oder organisieren einen lokalen Bürgerbus.[116] Betroffen sind vor allem solche Bereiche der Infrastruktur, denen kein spezifisches professionelles Profil zugesprochen wird, wie die Leiterin einer Stadtbibliothek betont: »Und ich sehe es auch immer sehr, sehr kritisch. Das sage ich auch hier offen in der Kommune. Es gibt Berufsfelder, wo man denkt, man kann das leicht durch Ehrenamt ersetzen. Und es gibt Berufsfelder, wo man da nicht rangeht.«

116 Vgl. für Beispiele: Pinl, *Freiwillig zu Diensten?*, S. 104 f.

Fokus Integration und Geflüchtetenhilfe: In einer Beschlussfassung des Bundestages heißt es, die ehrenamtliche Geflüchtetenhilfe sei »nicht länger als eine bloße Zutat zu verstehen, sondern als ein *Schlüsselfaktor* bei der Bewältigung der dringlichsten Aufgaben von heute«[117]. Auch jenseits der Nothilfe in den Jahren 2015 und 2016 übernehmen Engagierte zentrale Aufgaben in der Beratung, Versorgung, Bildung und Integration von Geflüchteten, wie inzwischen zahlreiche Studien belegen.[118] Die von uns interviewte stellvertretende Landrätin eines brandenburgischen Landkreises moniert: »Aber sagen Sie mir die Institutionen, die diese Beratungsangebote jetzt ausreichend finanzieren? Gibt es nicht. Also sprich, da setzt man einfach darauf, dass die Gesellschaft sich da selber organisiert, dass man sozusagen im Sinne von Nachbarschaftshilfe jetzt da eben Unterstützung gibt.«

Die gesellschaftliche Sakralisierung der Engagierten und Forschung zu Freiwilligenarbeit

Die Analyse dieser Entwicklungen der Indienstnahme wird dadurch erschwert, dass der gesellschaftliche Diskurs geprägt ist von einer Sakralisierung der Engagierten, die als »Alltagshelden« und »Engel« adressiert werden. Solche Charakterisierungen von Freiwilligen finden sich gleichermaßen in politischen, wohlfahrtsverbandlichen, kirchlichen und medialen Beiträgen. Auch in der wissenschaftlichen Engagementforschung gehen Analysen oft mit einer »idealistische[n] Unterstellung«[119] einher, indem die Gemeinwohlorientierung des Engagements einfach vorausgesetzt wird; empirische Untersuchungen, die

117 BMFSFJ, *Zweiter Bericht über die Entwicklung des bürgerschaftlichen Engagements*, S. 218.
118 Z. B. Zajak/Gottschalk (Hg.), *Flüchtlingshilfe als neues Engagementfeld.*
119 Dahme/Wohlfahrt, »Zivilgesellschaft und ›managerieller‹ Staat«, S. 245.

keinem affirmativen Grundverständnis folgen, sind nach wie vor eine Seltenheit.[120]

Verbunden ist dies mit dem Narrativ, dass Engagement in Zeiten von Individualisierung und Vereinzelung das Potenzial habe, (neue, posttraditionale) Gemeinschaftlichkeit zu stiften. Hinzu tritt die Rahmung des ehrenamtlichen Einsatzes als unbezahlbarer Gemeinschafts- und Gemeinwohldienst, dessen Wert sich der ökonomischen Berechnung ebenso entziehe, wie es unmöglich sei, diese Aufgaben regulär bezahlt und professionell ausführen zu lassen. So heißt es über das Engagement, es habe »emphatische Qualitäten, die nicht käuflich sind und von den in enge Arbeitspläne eingebundenen Hauptamtlichen nicht geleistet werden können«[121]. Diese Affirmation bleibt in der Debatte um den Wert freiwilligen Engagements weitgehend unhinterfragt, obwohl Geschlechterforscher*innen seit geraumer Zeit betonen, dass im Bereich unbezahlter häuslicher Arbeit eine »Mythologisierung bei gleichzeitiger Entwertung«[122] der Tätigkeiten zu beobachten ist. Die für die Zweite Frauenbewegung zentrale Losung »Sie nennen es Liebe, wir sagen, es ist unbezahlte Arbeit«[123], ist in ihrem Potenzial für eine kritische Analyse nicht regulär entlohnter, außerhäuslicher Arbeit bis heute weitgehend unausgeschöpft. Die Soziologin Emma Dowling konstatiert für das Feld der Freiwilligenarbeit sogar eine entgegengesetzte Entwicklung, nämlich

120 Ein Manko des Forschungsfeldes ist der Umstand, dass zeitdiagnostische Analysen und empirische Fallstudien zu Engagementfeldern nur selten aufeinander bezogen sind. Eine Ausnahme stellt die Erforschung der ehrenamtlichen »neuen Mitleidsökonomie« (Kessl/Schoneville, »Mitleidsökonomie«) dar, die spendenbasierte Angebote der Armutslinderung – insbesondere auch in Gestalt der Tafeln (vgl. z. B. Selke (Hg.), *Tafeln in Deutschland*) – in den Blick nimmt.

121 Perabo, »Kommunen und bürgerschaftliches Engagement«, S. 12.

122 Thiessen, »Pflegekräfte«, in: *Zeit online*, 25. 3. 2020.

123 Federici, *Wages Against Houseworks*, S. 1.

die Umkehr der feministischen Kämpfe für die Anerkennung unbezahlter Sorgearbeit als Arbeit in die Zelebrierung des freiwilligen Engagements durch seine Akzentuierung als Nicht-Arbeit.[124]

Vor diesem Hintergrund sind Forschungslücken zu konstatieren, die mit der emphatischen Qualität und dem angeblich unbezahlbaren – und nicht messbaren – Charakter der freiwilligen Hilfe begründet werden: Normative Vorstellungen von Engagement (»es soll nicht ökonomisiert werden«) verhindern die empirische Analyse der real existierenden politischen Ökonomie von Freiwilligenarbeit.[125] Obwohl Kosteneinsparungen erklärtermaßen das politische Ziel auf kommunaler Ebene sind, wird die freiwillige Arbeit in einer Weise als Gemeinwohldienst adressiert, die auf eine Verschleierung der ökonomischen Implikationen hinausläuft. Seltene Problematisierungen dieser Praxis haben wir bei Vertreter*innen von Wohlfahrtsverbänden auf kommunaler Ebene gefunden. Die Ehrenamtskoordinatorin eines Wohlfahrtsverbandes in Brandenburg moniert: »Also, wir kommen in ganz schöne Millionenbereiche dabei! Und, also, das wären ja alles Tätigkeiten zum Teil, die wir wirklich auch hauptamtlich, oder Leute machen müssten, wenn sie das Ehrenamt nicht tun würden. Und da rechnen wir ja immer aus, wie viel da so zusammenkommt, wo wir dann auch sagen, das ist eine Wertschöpfung, die der Staat ja auch daraus hat.« Zugleich werden in den Interviews die begrenzten Spielräume auf lokaler Ebene ersichtlich, die

124 Dowling, »Valorised But Not Valued?«.

125 Berechnungen, wieviel Geld durch die Arbeit von Freiwilligen eingespart wird, sind selten zu finden. Eine der wenigen Ausnahmen bildet eine Schätzung des Deutschen Bibliotheks-Verbandes für das Jahr 2009. Die Zeitspenden der Engagierten wurden mit dem durchschnittlichen Stundenlohn von damals knapp 20 Euro veranschlagt, was allein für 2009 rechnerisch Einsparungen durch Ehrenamtliche in Höhe von 175 000 000 Euro ergab (DBV, *Bibliothek und Ehrenamt*, S. 23 f.).

dazu führen, dass die Kritik der Ausbeutung Engagierter oft mit der Aufrechterhaltung dieser Praxis einhergeht. Der Leiter der Diakonie in einer baden-württembergischen Stadt problematisiert seine eigene Rolle: »Wir machen das mit, weil wir weniger Zuschüsse bekommen. Wir nutzen die Menschen aus. Das ist ganz klar. Weil, die leisten professionelle Arbeit. Ich schäme mich dafür, dass ich das mitmache, ganz ehrlich.«

Engagement und die Informalisierung von Arbeit

Der mehrheitlich affirmative Zugriff auf den Gegenstand hat für die kritische Analyse von Freiwilligenarbeit weitreichende Konsequenzen, bleiben doch nicht nur die geschlechtsspezifischen Implikationen, sondern auch die arbeitsmarkt- und sozialpolitischen Kehrseiten weitgehend unerforscht. Wir möchten im Folgenden den Blick darauf lenken, dass sich in der Engagement(politik) eine Informalisierung von Arbeit verbirgt, die aus dem Blickfeld kritischer Arbeitsforschung verschwindet.

Informelle Arbeit wird durch das definiert, was sie nicht ist, und umfasst jegliche Arbeit, die nicht als formal reguliertes Erwerbsverhältnis kategorisiert ist. Engagement und Freiwilligenarbeit werden gemeinhin als dritte informelle Säule neben unbezahlter Haus- und Sorgearbeit und bezahlter Arbeit in der Schattenwirtschaft gefasst.[126] Als Informalisierung beschreiben wir die durchlässiger werdenden Grenzen zwischen formellen und informellen Tätigkeiten, mit denen Graubereiche an den Übergängen von (monetarisierter) Freiwilligenarbeit und (prekarisierter) Erwerbsarbeit entstehen. In Ermangelung einer Legaldefinition von Freiwilligem Engagement erweisen sich die rechtlich deutungsoffenen Konzepte von »Arbeitsmarktneutralität« und »Zusätzlichkeit« als zahnlos,

126 Williams/Nadin, »Work Beyond Employment«.

wenn es um die Regulierung des Verhältnisses von Freiwilligenarbeit und Erwerbsarbeit geht.[127] Am einfachsten zu überprüfen wäre das klassische Job-Killing-Argument, das auf Fälle zielt, in denen ehemals reguläre Stellen direkt in ehrenamtliche Tätigkeiten überführt werden, wobei Studien zeigen, dass eine solche Umwandlung kaum vorkommt.[128] Häufiger anzutreffen ist ein weniger unmittelbarer Zusammenhang, wenn öffentliche Leistungen gekürzt oder reguläre Stellen eingespart werden und dann ex post Ehrenamtliche die entstandenen Lücken schließen. In der Literatur werden diese beiden Prozesse häufig entkoppelt, wodurch die zeitlich nachgelagerte Substitution de-thematisiert bzw. als rein freiwilliges Handeln entproblematisiert wird: »Bürgerinnen und Bürger spenden freiwillig ihre Zeit und Kompetenz dort, wo sie es für erforderlich halten. Und dies betrifft ganz besonders die Engpässe in der öffentlichen Daseinsvorsorge. So sind Dorfläden, Bürgerbusse, Bürgerbäder, Tafelprojekte und viele andere mehr längst dynamisch wachsende Engagementbereiche entstanden.«[129] Noch schwieriger zu kontrollieren sind solche Konstellationen, in denen der Einsatz Engagierter dazu führt, dass keine neuen regulären Stellen geschaffen werden (müssen) – wo es also um eine hypothetische Zukünftigkeit geht. Diese Unschärfen sind einem grundsätzlichen Dilemma von Freiwilligenarbeit geschuldet: So soll diese einerseits »zusätzlich« sein und keine reguläre Erwerbsarbeit substituieren, zugleich wird sie andererseits als produktive Ressource adressiert, die zur Entlastung von Hauptamtlichen und zur Ergänzung öffentlicher Daseinsvorsorge beitragen soll.

Zudem zeichnet sich in der Praxis eine zunehmende Diffusion zwischen Engagement- und Arbeitsmarktpolitik ab, wenn

127 Karger/Klenter, *Freiwilligendienste*.

128 BMFSFJ, *Kooperation von Haupt- und Ehrenamtlichen*, S. 136.

129 Klein, »Grundlagen und Perspektiven«, S. 12.

gerade in strukturschwachen Regionen institutionalisierte Engagementformen das Fehlen arbeitsmarktpolitischer Instrumente kompensieren. In diesem Zusammenhang ist die Kooperation von Jobcentern und Mehrgenerationenhäusern in Aktionsprogrammen von 2012 und 2017 interessant, geht es hier doch auf Betreiben des zuständigen Familienministeriums darum, die Mehrgenerationenhäuser nicht nur zu Orten des Engagements, sondern auch zu arbeitsmarktpolitischen Einrichtungen zu machen. Das *Netzwerk Bürgerschaftliches Engagement* begrüßt diese Entwicklung und plädiert für neue Formen »einer Arbeitsmarkt- und Beschäftigungspolitik, die auf Basis freiwilliger Beteiligung Tätigkeiten im gemeinnützigen Bereich als Orte des Kompetenzgewinns nutzt und mit guter Fortbildung für Bedarfe der Arbeitsmarkt- und Beschäftigungspolitik fortentwickelt«[130]. Dass genau diese fließenden Übergänge von Engagement- und Arbeitsmarktpolitik einen neuen Graubereich mehr oder weniger (in-)formeller Tätigkeiten im Spannungsfeld von Freiwilligenarbeit und Erwerbsarbeit schaffen, wird dabei mehrheitlich nicht thematisiert.[131]

Interessant ist nun, dass diese Entwicklungen vom Gesetzgeber dezidiert gefördert werden; Informalisierung ist hier also nicht das Resultat von Regelungslücken oder wild wuchernden Schattenökonomien, sondern (auch) das Ergebnis »(extra-)legaler Regulierung«[132]. Eine Monetarisierung von Engagement ist dabei vor allem dort zu beobachten, wo Freiwillige Aufgaben der sozialen Daseinsvorsorge übernehmen, für die ein hohes Maß an Verbindlichkeit gefordert wird: »Bei-

130 Klein, »Bürgerschaftliches Engagement«, S. 2.

131 Im internationalen Vergleich zeigt sich, dass gerade in liberalen Wohlfahrtsstaaten wie Kanada und Großbritannien die Verschränkung von Beschäftigungs- und Engagementpolitik im Rahmen von Workfare-Programmen weit fortgeschritten ist (vgl. z. B. Allan, »Volunteering as Hope Labour«).

132 Mayer-Ahuja, »Arbeit, Unsicherheit, Informalität«, S. 292.

spiele sind kommunale Ehrenämter, das Engagement in der freiwilligen Feuerwehr, den Rettungsdiensten, in der Nachmittagsbetreuung an der Ganztagsschule oder in der Pflege. Die Zahlung von Geld stabilisiert in diesem Zusammenhang die verlässliche Erbringung dieser Leistungen.«[133] Auch Wohlfahrtsverbände unterstreichen, dass monetäre Entschädigungen die Attraktivität »speziell für besonders verantwortungsvolle, zeitintensive oder als ›schwierig‹ eingeschätzte Tätigkeiten, zusätzlich erhöhen«[134] würden. Dass genau diese Kriterien für das Unterlaufen von Arbeitsmarktneutralität und Professionalitätsstandards sprechen, wird nur selten problematisiert.

In keinem Feld ist die von uns identifizierte Entwicklung der Verzivilgesellschaftlichung der sozialen Frage so weit fortgeschritten wie in der (Alten-)Pflege und Altenhilfe, weshalb wir diesem Feld im Folgenden ein eigenes Kapitel widmen.

133 BMFSFJ, *Zweiter Bericht über die Entwicklung des bürgerschaftlichen Engagements*, S. 94.

134 Diakonisches Werk Württemberg, *Geld und Ehre?*

5 Sorgende Gemeinschaften und die Mobilisierung informeller Pflegepotenziale

Community und Gemeinschaft sind in der jüngeren Vergangenheit zu zentralen Begriffen der pflegepolitischen Semantik und Sozialberichterstattung geworden. Dies zeigt sich exemplarisch an dem aus den Niederlanden stammenden und mittlerweile internationalisierten Leitbild der *Caring Community*, das von der Bundespolitik 2011 und 2012 im Zukunftsdialog der Bundeskanzlerin mit den Sachverständigenkommissionen der Alten- und Engagementberichterstattung aufgegriffen und hierzulande mit *Sorgende Gemeinschaften* übersetzt wurde. Es gilt als Antwort auf Versorgungsengpässe und Kapazitätsgrenzen in der Langzeitpflege und als Paradigma einer nachhaltigen kommunalen Pflegepolitik. Ziel ist es dabei, pflegerische Versorgung in »gemischten Arrangements« unter Einbeziehung zivilgesellschaftlicher Unterstützung in sozialen Gemeinschaften auch außerhalb der Familie neu zu vergesellschaften. Der affirmative Bezug auf Gemeinschaft und dessen Amalgamierung mit dem Vokabular investiver Sozialpolitik mündet in der Forderung nach dem »Aufbau« und der »Sicherung zukunftsfähiger Gemeinschaften«, die als Verantwortungsgemeinschaft angerufen werden.[135] Dem Staat wird dabei die Aufgabe zugedacht, die »Bedingungen zu fördern, aus denen Gemeinschaften entstehen und gepflegt werden. [...] Seine Aktivität ist vor allem dort gefragt, wo gemeinschaftliches Leben nicht von sich aus funktioniert oder gefährdet wird.«[136]

135 BMFSFJ, *Siebter Altenbericht*, S. 23, 156.
136 Klie, »Caring Community«, S. 124.

Während das Leitbild sorgender Gemeinschaften in den unterschiedlichsten mit der (Langzeit-)Pflege befassten Kontexten (zum Beispiel in Kommunalpolitik oder Sozialraumplanung) auftaucht, bleibt der Gemeinschaftsbezug darin unterbestimmt. In der Forderung nach einer grundsätzlich neuen Verantwortungsteilung im Pflege- und Wohlfahrtsmix changiert der Gemeinschaftsbezug auffällig zwischen einer sozialpolitischen Förderung und Aktivierung posttraditionaler, zu stiftender Gemeinschaften einerseits und der Revitalisierung und Indienstnahme traditioneller, vorfindbarer Gemeinschaften andererseits. So ist es nicht verwunderlich, dass der Gemeinschaftsbegriff im Siebten Altenbericht der Bundesregierung wahlweise im Imperfekt oder Futur auftaucht, ähnlich dem von Zygmunt Bauman beschriebenen »Synonym für ein verlorenes Paradies [...], in das wir eines Tages zurückzukehren hoffen«.[137] Umso deutlicher konturiert werden demgegenüber die Bedarfe und Versorgungslücken, die durch die zunehmende Vermarktlichung des Pflege- und Gesundheitssektors, Fachkräftemangel und schrumpfende Sorgekapazitäten der Familien in einer alternden Gesellschaft entstehen, sowie die Tragfähigkeit von Gemeinschaften als Lösung, gelten diese doch als »geprägt durch Zugehörigkeit, durch gemeinsame Werte, durch Reziprozität, durch Verantwortungsbeziehungen«[138]. Bezeichnenderweise werden parallel die noch in den 1990er Jahren gepriesenen Institutionen des Marktes und der Pflegeversicherung als zunehmend defizitär eingestuft, insbesondere wenn es um die Versorgung einkommensschwacher Bevölkerungsgruppen ohne ausreichende familiäre Unterstützung geht.[139] Während der Gemeinschaftsbezug mit dem Imageverlust von Markt und sozialstaatlichem Versicherungs-

137 Bauman, *Gemeinschaften*, S. 9.
138 Klie, »Caring Community«, S. 123.
139 BMFSFJ, *Siebter Altenbericht*, S. 215.

prinzip an Bedeutung gewinnt, bleibt nicht nur seine Zielgröße von »Gemeinschaft« unbestimmt. Auch was die adressierten (neuen) Verantwortungsträger*innen dieser Gemeinschaften angeht, wird der erwartete »ihnen gemäße« Beitrag zu einem »koordinierten Versorgungsmix« kaum ausbuchstabiert.[140] Ebenso wenig werden die Qualität der Pflegeleistung durch diese Gruppen und die Grenzen und Kehrseiten dieser neu gemeinschaftlich geteilten Verantwortung eingehender diskutiert oder die Bedeutung informeller (Laien-)Arbeit in professionellen Kontexten kritisch reflektiert. Stattdessen geht die begrifflich-konzeptuelle Offenheit und Unbestimmtheit der Ressource »Gemeinschaft« seit geraumer Zeit mit einer regen Mobilisierung informeller Pflegearbeit einher. Dabei werden nicht nur die pflegenden Angehörigen, sondern zunehmend auch andere informelle Arbeitskräfte, wie Freiwillige, Personen aus dem sozialen Nahraum (Nachbar*innen, Freund*innen) sowie prekäre und migrantische Hilfs- und Betreuungskräfte, für die Pflege in Dienst genommen. Im Folgenden sollen sowohl die politischen Mechanismen dieser Indienstnahme als auch die jeweils adressierten Gruppen vorgestellt werden. Dabei wird schließlich auch ein Blick auf die arbeits- und professionspolitischen Folgen der Indienstnahme geworfen, befördert diese doch eine Hybridisierung von Pflegearbeit durch zunehmend fließende Grenzen zwischen professioneller Pflegearbeit, unbezahlter Sorgetätigkeit, nachbarschaftlicher Fürsorge, aufwandsentschädigtem Engagement und niedrig entlohnten Hilfstätigkeiten.

140 Ebd., S. 215.

Die Rekrutierung informeller Unterstützungspotenziale in der Pflege

Auf der politischen Umsetzungsebene kann die Altenpflege als Vorreiter der sozialstaatlichen Förderung und Indienstnahme informeller Arbeit als Stützpfeiler der sozialen Daseinsvorsorge gelten. Daran ist maßgeblich die Pflegeversicherung beteiligt: Zum Zeitpunkt ihrer Einführung 1995 sollte sie, dem Leitbild neuer Subsidiarität folgend, »eine Sozialpolitik aus der Nähe« sein. Der seinerzeit zuständige Bundesminister Norbert Blüm präsentierte die Pflegeversicherung als »nachbarschaftliche Sozialpolitik« und »neue Kultur des Helfens«[141]; faktisch verbirgt sich dahinter die Fortführung einer konservativ-familialistischen Pflegepolitik durch den aktivierenden Sozialstaat, der unter den krisenhaften Bedingungen wachsender Sorgedefizite sämtliche verfügbaren Potenziale informeller Sorgearbeit zu mobilisieren sucht.

Diese Entwicklung steht *erstens* in direktem Zusammenhang mit dem durch den demografischen Wandel verschärften Pflegenotstand: In keinem anderen Berufsfeld herrscht ein solcher Mangel an qualifiziertem Personal bei steigender Nachfrage. Die Anzahl der Pflegebedürftigen hat sich 2019 mit 4,13 Mio. im Vergleich zur Jahrtausendwende mehr als verdoppelt. Bis 2035 wird vom Statistischen Bundesamt 2020 hier ein Fachkräftemangel in Höhe von fast 500 000 Stellen prognostiziert. Die sozial- und pflegepolitische Aktivierung informeller und unbezahlter Unterstützungspotenziale antwortet daneben *zweitens* auf die zunehmend sichtbaren Folgen der Ökonomisierung des Pflegesektors, führen Ökonomisierungs- und Rationalisierungsprozesse in der Pflege, die maßgeblich von der Pflegeversicherung angestoßen wurden, doch Qualitätsverluste und Versorgungsmängel in der Leistungserbringung im

141 Blüm zit. n. Dammert, *Angehörige im Visier der Pflegepolitik*, S. 65.

Schlepptau. Schließlich gewinnt *drittens* das (ver-)sorgende, krisenkompensatorische und sozialintegrative Potenzial unbezahlter Pflege- und Sorgearbeit im Kontext der Krise sozialer Reproduktion und der schrumpfenden Pflegekapazitäten der Familien sozialpolitisch an Bedeutung. Diese resultieren maßgeblich aus dem pflegepolitischen Dilemma zwischen der noch immer zentralen Bedeutung häuslich-informeller Pflege durch mehrheitlich weibliche Angehörige einerseits und einer auch sozial- und familienpolitisch forcierten steigenden weiblichen Erwerbsbeteiligung andererseits: Während die Sorgekapazitäten der Familie abnehmen, die fortschreitende Kommodifizierung im Sozialsektor die Zugänge zu Sorgedienstleistungen ungleich verteilt und sich der »Sozialinterventionsstaat«[142] in der alternden Gesellschaft nicht anschickt, bedarfsgerecht einzuspringen, wird die Frage nach neuen »heimlichen Ressourcen der Sozialpolitik« immer drängender.

Die informelle pflegerische Versorgung wird infolgedessen in zwei Bereichen politisch gestärkt:[143] Einerseits im Bereich häuslich-informeller Pflegeerbringung, in der die Norm subsidiär-familiärer Selbsthilfe durch den zusätzlichen Einsatz familienexterner Freiwilliger aufrechterhalten werden soll. Im Siebten Altenbericht der Bundesregierung heißt es dementsprechend zur Freiwilligenarbeit in Pflege- und Sorgekontexten: »Die Bedeutung des Themas steht im Zusammenhang mit der wachsenden Zahl der auf Pflege angewiesenen Menschen, dem Rückgang von Ressourcen in der Pflege und in Familien sowie den begrenzten Sozialleistungen für Menschen mit Pflegebedarf. Auch Engpässe auf dem Arbeitsmarkt führen zu einem ›höheren Bedarf‹ an freiwillig Engagierten.«[144] Andererseits findet Informalisierung aber auch im Bereich

142 Lessenich, »Mobilität und Kontrolle«, S. 152 ff.

143 Ausführlich: Haubner, »Grauzonen der Sorgearbeit«.

144 BMFSFJ, *Siebter Altenbericht*, S. 203.

stationärer und ambulanter Versorgung statt, wo die Norm formell regulierter, professionalisierter Facharbeit unter dem Druck des Fachkräftemangels durch den oft rechtswidrigen Einsatz prekärer Betreuungs- und Hilfskräfte unterminiert wird. Informalität wird so schließlich in dreifacher Hinsicht gestärkt: *Erstens* wird informelle familiäre Pflegearbeit gesetzlich vorausgesetzt, *zweitens* werden zivilgesellschaftliche Unterstützungspotenziale außerhalb der Familie durch Praktiken einer staatlichen Semi-Formalisierung von Freiwilligenarbeit mobilisiert, und *drittens* werden, mit der Schaffung prekärer Hilfstätigkeiten, Arbeitsformen an der Grenze von Niedriglohnsektor und Schattenwirtschaft implementiert. Die Regelwidrigkeiten, die im Rahmen des praktischen Einsatzes dieser neuen Pflegepotenziale zu beobachten sind, verweisen nicht zuletzt darauf, dass bestehende Rechtsnormen und der den Laien, Freiwilligen und Angelernten zugedachte, »ihnen gemäße« Anteil am Versorgungsmix oft in einem Spannungsverhältnis stehen – einem Spannungsverhältnis, das durch die Unschärfe der in Bezug genommenen, moralisch aufgeladenen Ressource »Gemeinschaft« de-thematisiert wird.

Die Familie, der größte Pflegedienst der Nation

Der staatlichen Aktivierung von Freiwilligenarbeit vergleichbar, findet sich auch im Feld der Pflege ein Dreischritt aus moralischer Aufwertung, materieller Förderung und einer Politik des Unterlassens: Die Familie wird (im Sinne moralischer Aufwertung) pflegepolitisch als erste Instanz informell-häuslicher Pflege oder »Schule der Solidarität« angerufen.[145] Daneben werden Cash-for-Care-Programme, wie insbesondere das Pflegegeld, für die häuslich-ambulante Pflege implementiert. Schließlich, und hier greift eine Politik des Unterlassens, wird

145 Dammert, *Angehörige im Visier der Pflegepolitik*, S. 65.

der Zugang zu vollstationärer Versorgung erschwert. Trotz der durch Emanzipationsbewegungen induzierten »Krise der Fiktion von Familie und Gemeinschaft«[146] und des tiefgreifenden Wandels von Haushalts-, Familien- und Erwerbsstrukturen setzt die Pflegeversicherung so die informelle, familiäre und zumeist weibliche Pflegebereitschaft immer schon voraus, weil ihre Leistungen nur etwa die Hälfte der anfallenden Pflegekosten abdecken. Zudem wirken pflegepolitische Reformen in den letzten Jahren darauf hin, die Familie als »größten Pflegedienst der Nation«[147] noch stärker als zuvor in die Pflicht zu nehmen: Mit Inkrafttreten des Dritten Pflegestärkungsgesetzes 2017 wurde die ursprüngliche Wahlfreiheit zwischen Sach- und Geldleistungen[148] eingeschränkt, und Geldleistungen wurden als prioritäre Versorgungsform eingestuft. Damit wurde der Bezug des Pflegegeldes als erste Pflicht der Familie gesetzlich verankert und die ohnehin schon vorrangige Bedeutung informeller Pflege zementiert. Schon zuvor hatten viele pflegende Angehörige externe Unterstützungsangebote nur eingeschränkt in Anspruch genommen und die Mehrheit dem Pflegegeldbezug Vorrang gegeben. Von den 4,13 Mio. Pflegebedürftigen wird die Hälfte ausschließlich von Angehörigen und nur etwa ein Viertel zusätzlich von ambulanten Pflegediensten häuslich versorgt. In zwei Drittel der deutschen Pflegehaushalte kommt kein ambulanter Pflegedienst, und jede fünfte Pflegeperson übernimmt die Pflege ohne zusätzliche Hilfe.

146 Ostner, »Der partikularistische Sozialstaat«, S. 37.
147 Klie, *Wen kümmern die Alten?*, S. 47.
148 Bei den Sachleistungen der Pflegeversicherung handelt es sich um die professionelle pflegerische Versorgung durch ambulante Pflegedienste. Das Pflegegeld stellt demgegenüber als Geldleistung das finanziell geringste Sachleistungssurrogat dar, das den Leistungsempfänger*innen ermöglichen soll, selbstgewählten, informellen Hauptpflegepersonen eine materielle Anerkennung zukommen zu lassen, die nicht als reguläres Einkommen gilt.

Bezogen auf alle Pflegehaushalte in Deutschland werden so rund 90 Prozent des Zeitaufwands durch informelle Hauptpflegepersonen und Helfer*innen und nur rund 10 Prozent von professionellen Diensten abgedeckt.[149] Die Entscheidungen der Pflegehaushalte werden durch zwei sich bedingende Faktoren begünstigt: Zum einen hat die Pflegeversicherung mit der Budgetierung ihrer Leistungen die professionelle Versorgung in ein Stakkato der Minutenpflege verwandelt; zum anderen entscheiden sich vor diesem Hintergrund vor allem einkommensschwächere Haushalte (und darin mehrheitlich die pflegenden Frauen) mit hohem Pflegeaufwand dafür, die Pflege selbst in die Hand zu nehmen. Obwohl Deutschland eines der ganz wenigen Länder ist, das eine staatliche Pflegeversicherung eingeführt hat, zielt diese mithilfe ihres Teilleistungscharakters und einer staatlichen Cash-for-Care-Politik auf die Stärkung informeller, kostengünstiger Pflegesettings ab und trägt so zur Reproduktion einer geschlechts- und klassenspezifischen Pflegearbeitsteilung bei.

Informelle Pflegepotenziale aus sozialem Nahraum und Zivilgesellschaft

Die Pflegeversicherung kann zudem als Institutionalisierung der sozialpolitischen Entdeckung des informellen Sektors der Nachbar*innen, Freund*innen, Bekannten und Freiwilligen in der Langzeitpflege und Altenhilfe gelten. Um das informelle Pflegepotenzial auch über die Familie hinaus auszubauen, wurde die Bedeutung informeller Hilfen aus dem sozialen Nahraum im elften Sozialgesetzbuch verankert, sodass auch Nachbar*innen, Bekannte und Freund*innen zu den informellen Hauptpflegepersonen gezählt werden und berechtigt sind, Pflegegeld zu beziehen. Verglichen mit Familienangehörigen

149 Hielscher u. a., *Pflege in den eigenen vier Wänden*.

übernehmen sie bislang noch eher selten Pflegetätigkeiten im engeren Sinne, doch weil ein wachsender Teil der Bevölkerung allein lebt, werden Sorge- und Pflegearrangements innerhalb von Freundschafts- und Nachbarschaftsbeziehungen mit dem Generationenwechsel als zunehmend bedeutsam eingestuft.[150]

Darüber hinaus ist die Pflegeversicherung maßgeblich daran beteiligt, dass die häuslich-ambulante Pflege ebenso wie die stationäre Altenpflege, die Krankenpflege und das Hospizwesen von einer Renaissance des Ehrenamts erfasst werden. Der Staat legt dabei eine bemerkenswerte Aktivität an den Tag, wird doch das Engagement in Pflege- und Sorgearbeitskontexten »zu den sozialpolitisch relevantesten engagementpolitischen Themen der letzten Jahre«[151] gezählt und sein Ausbau als zentrales Handlungsfeld einer nachhaltigen Pflegepolitik gerahmt. Freiwilligenarbeit gilt in der *Demografie-Strategie* und der *Nationalen Engagement-Strategie* der Bundesregierung entsprechend als zunehmend unverzichtbare »Säule im Gesundheitssystem«[152]. Um die Versorgung Pflegebedürftiger unter Zuhilfenahme freiwilliger Laien sicherzustellen und diese auch in professionelle Arbeitskontexte zu integrieren, wird staatlicherseits darauf abgezielt, mithilfe der Monetarisierung des Engagements langfristige Pflegebeziehungen auch außerhalb professioneller und familiärer Pflegearbeit zu etablieren. Seit der Jahrtausendwende zielen pflegepolitische Reformen so auf die Etablierung von Rechtsansprüchen auf die Unterstützung durch Freiwillige und die Implementierung finanzieller Anreize für Freiwilligenarbeit in stationären, ambulanten und häuslich-privaten Pflegesettings ab. Als Monetarisierungstreiber können dabei Mittel zur Selbsthilfeförderung in

150 Ebd., S. 46 ff.

151 BMFSFJ, *Siebter Altenbericht*, S. 203.

152 Fringer, *Pflegenden Angehörigen ehrenamtlich helfen*, S. 19.

stationären Kontexten[153], die gesetzliche Erhöhung der Übungsleiterpauschale und für die häuslich-private Pflege die sogenannten »Angebote zur Unterstützung im Alltag« gelten. Für die Pflegehaushalte bedeutet das, zusätzlich zum Pflegegeld bis zu 125 Euro monatlich aus Mitteln der Pflegeversicherung für freiwillige Helfer*innen ausgeben zu können. Diese »Entlastungsbeträge« stellen eine gängige Finanzierungsgrundlage für freiwilliges Engagement dar, bei denen Freiwillige Angehörige mit dem wöchentlichen Einsatz in der häuslichen Betreuung und Stundensätzen zwischen 5 und 10 Euro entlasten.

Die Pflegeversicherung wirkt zudem als Treiber einer Semi-Professionalisierung freiwilliger Pflegearbeit: Wer sich fördern lassen möchte, muss Schulung, Begleitung durch Fachkräfte und Supervisionsangebote bereitstellen. So kommen zahlreiche Modellprojekte und -programme auf Bundes-, Länder- und kommunaler Ebene zum Einsatz, die eine Vielzahl von Akteuren (Initiativen, Vereine, Selbsthilfegruppen, Freiwillige) für den pflegerischen Einsatz koordinieren und schulen. Obwohl die Engagementquoten in den Feldern Gesundheit und Pflege verglichen mit Kernbereichen des Engagements wie dem Sport immer noch vergleichsweise niedrig sind, sind hier doch in den letzten Jahren eine beträchtliche Dynamik und ein bemerkenswerter Anstieg zu beobachten.[154] Engagement und Freiwilligenarbeit sind heute aus dem Gesundheitswesen nicht mehr wegzudenken und erbrachten, einer der äußerst seltenen Hochrechnungen zum Thema zufolge, im Jahr 2011 jährlich Leistungen im Umfang von 4,5 Milliarden

153 2013 räumt das Pflege-Neuausrichtungsgesetz den Kassen ein Recht auf Mittel zur Selbsthilfeförderung ein und erlaubt damit stationären Einrichtungen, Aufwandsentschädigungen an freiwillig Engagierte zu zahlen, ehrenamtliche Initiativen oder auch die Selbsthilfe zu fördern.

154 BMFSFJ, *Zweiter Bericht über die Entwicklung des bürgerschaftlichen Engagements*, S. 6.

unentgeltlichen Arbeitsstunden, was einem Wert von 109 Milliarden Euro entspricht.[155] Die Kombination aus Monetarisierung, Semi-Formalisierung und Semi-Qualifizierung jenseits professioneller Standards unterscheidet sich dabei durch den hohen Grad staatlicher Förderung von freiwilligem Engagement in anderen Bereichen. Als besonders brisant erweist sich vor diesem Hintergrund der gesetzliche Grundsatz der Wettbewerbsneutralität, demzufolge gemeinnützige und privatgewerbliche Anbieter bei der pflegerischen Versorgung gleichberechtigt sind: Dies hat zur Folge, dass (kostengünstige) Freiwillige in Konkurrenz zu ambulanten Diensten treten und die Unterbietung von Arbeitsstandards als Konkurrenzvorteil ausnutzen können.[156]

Prekäre Arbeitskräfte in den Grauzonen des Pflegemarktes

Die politische Stärkung informeller Hilfen durch »sorgende Gemeinschaften« wartet unter dem Druck der Pflegekrise nicht nur mit der Mobilisierung von Angehörigen, Nachbar*innen, Freund*innen und Engagierten auf. Auch Langzeitarbeitslose sind ins Visier pflegepolitischer Reformversuche gerückt. Seit 2008 werden sie mithilfe finanzieller Zuschüsse der Jobcenter als »zusätzliche Betreuungskräfte« in der stationären und ambulanten Pflege eingesetzt. Dabei verbinden sich Aktivierungs- und Gemeinwohldiskurse[157], sollen doch nicht nur Langzeitarbeitslose aktiviert, sondern auch jene Lücken

155 Fringer, *Pflegenden Angehörigen ehrenamtlich helfen*, S. 23.

156 Haubner, *Die Ausbeutung der sorgenden Gemeinschaft*, S. 291 ff.

157 2004 macht der FDP-Politiker Rainer Brüderle Schlagzeilen mit dem Statement: »Der Staat unterstützt manche arbeitsfähigen Sozialhilfeempfänger jahrelang. Da kann die Gemeinschaft auch eine Gegenleistung erwarten. Langzeitarbeitslose dürfen sich zum Putzen, Waschen oder Essenausfahren für alte oder kranke Mitbürger nicht zu schade sein« (*Spiegel online*, »Vorstoß von Union und FDP«, 2004).

ungelernter Pflegearbeit kostengünstig geschlossen werden, die durch die Abschaffung des Zivildienstes und Einsparungen bei arbeitsmarktpolitischen Eingliederungsmaßnahmen entstanden sind. Langzeitarbeitslose durchlaufen eine im Vergleich zu Pflegehilfskräften stark verkürzte Qualifizierung, werden anschließend von den Jobcentern in die ambulante und stationäre Pflege vermittelt, und ihre Anzahl wächst stetig: Waren 2013 noch 28 000 zusätzliche Betreuungskräfte im Einsatz, lag ihre Zahl mit dem Ersten Pflegestärkungsgesetz 2015 bereits bei mehr als 49 000. Und sie arbeiten unter prekären Bedingungen: Nur 13 Prozent sind Vollzeit tätig, und obwohl der Pflege-Mindestlohn auch für Betreuungskräfte gilt, liegt ihr monatliches Bruttoeinkommen bei etwa 1300 Euro und damit nur knapp oberhalb der niedrigsten Vergütungsgruppe des Niedriglohnsektors.[158] Wir beobachten hier eine faktische Informalisierung durch staatlich subventionierte Beschäftigungsverhältnisse, denn obwohl die Betreuungskräfte offiziell ausschließlich für die Betreuung von Demenzkranken vorgesehen sind, werden sie häufig rechtswidrig eingesetzt und verrichten pflegerische Tätigkeiten, für die sie nicht qualifiziert sind und nicht bezahlt werden.[159]

Der Staat fördert informelle Pflegearbeit zudem mit der Vermittlung sogenannter 24-Stunden-Pflegekräfte aus dem Ausland. Bei dieser Form der informellen Pflegearbeit sind arbeitsrechtliche oder berufsqualifikatorische Aspekte von nur untergeordneter Bedeutung, wird doch der umfassende Zugriff der Arbeitgeberhaushalte auf die meist aus der Armut migrierenden und ungelernten Pflegekräfte nicht staatlich geprüft; Rechtsverstöße werden selten sanktioniert. Wenngleich in Bezug auf migrantische Pflegekräfte im politischen Diskurs nicht von »sorgenden Gemeinschaften« die Rede ist, wirken

158 Bispinck, »WSI Niedriglohn-Monitoring 2015«.
159 Haubner, *Die Ausbeutung der sorgenden Gemeinschaft*, S. 339 ff.

auch hier ähnliche Mechanismen einer Kombination von Gemeinschaftsanrufung und ausbeuterischer Posterwerbspolitik: Die Pflegekräfte werden von Vermittlungsagenturen, der medialen Berichterstattung und auch den privaten Haushalten häufig als »Familienmitglieder« adressiert.[160] Diese, mittlerweile in der Forschung zu migrantischer Haus- und Pflegearbeit gut dokumentierte Strategie des »fictive kinship«[161] zielt auf eine entlastende Verschleierung von Abhängigkeiten, Machtverhältnissen und ausbeuterischen Arbeitsbedingungen in der häuslichen Pflege ab: Wenn migrantische Pflegekräfte als fürsorgliche, aufopferungsvolle und hilfsbereite Quasi-Familienmitglieder gelten, entzieht sich ihre informelle Beschäftigung und die expansive Nutzung ihrer Arbeitskraft einer kritischen (Gewissens-)Prüfung. Auf diese Weise können private Haushalte umfassend auf die Hausangestellten zurückgreifen, ohne sich in der Rolle von Ausbeutern sehen zu müssen.

Unscharfe Grenzziehungen und die Deprofessionalisierung der Altenpflege

Dass im Lobpreis und der Förderung sorgender Gemeinschaften zwar von geteilter Verantwortungsübernahme, nicht aber von qualifikatorischen oder arbeitsrechtlichen Grenzen des Arbeitskrafteinsatzes die Rede ist, wird durch die Feminisierung und unvollständige Professionalisierung der Altenpflege begünstigt. So leidet der ausgemachte »Frauenberuf« noch immer unter dem Negativimage einer »Jederfrautätigkeit« mit unklarem Berufsprofil und entsprechend unklaren Grenzziehungen gegenüber freiwilliger und informeller Pflegearbeit.

160 »Fast wie Familienmitglieder«, so lautet etwa der Untertitel einer Ausgabe der Zeitschrift *Angehörige pflegen* vom März 2013, die sich dem Schwerpunkt osteuropäischer Betreuungskräfte widmet (Pflege e. V., »Betreuungskräfte aus Osteuropa«).

161 Karner, »Professional Caring«.

Die Vorstellung, dass es sich bei Pflege weniger um eine formalisierte berufliche Praxis und Qualifikation als um eine weibliche »Berufung« und einen »Liebesdienst«[162] handelt, bereitet den Boden dafür, die Arbeit als altruistisch offerierte Gabe zu betrachten, die ohne Anspruch auf äquivalente Entlohnung und angemessene Qualifikation auskommt. Dies zeigt sich auch in der politischen Abspaltung fürsorglicher und sorgender Komponenten der Pflegearbeit: »Zur Profilierung der professionellen Pflege«, heißt es im Zweiten Engagementbericht der Bundesregierung, wird der Pflege angeraten, ihre medizinischen und sorgenden Anteile zu separieren und die als niedrigschwellig geltende Care an Laien und Ungelernte zu delegieren: »Dabei bleiben Cure-Aufgaben – Aufgaben der professionellen Begleitung in Diagnostik, Therapie und Fachpflege – immer Aufgaben der Professionellen. Aufgaben des Carings, der Sorge, können zwischen Familie, Nachbarn, anderen beruflich Tätigen und Engagierten geteilt werden.«[163]

Dass solche Plädoyers im Pflegealltag tatsächlich auf fruchtbaren Boden fallen, zeigen unsere Interviews mit Expert*innen und Freiwilligen zu hochgradig umstrittenen Zuständigkeiten und Qualifikationsgrenzen in der Pflege. Ein brisanter Befund ist dabei, dass sich die Freiwilligen häufig als stolze Retter der überlasteten Fachkräfte empfinden und mit ihrer Affirmation von Laienkultur und informellem Erfahrungswissen indirekt (und zumeist nicht intentional) zur Abwertung des Berufsfeldes beitragen. Wir wollen mit dieser Problematisierung nicht in Zweifel ziehen, dass die Arbeit Freiwilliger eine große Stütze für überlastete Fachkräfte sein kann, zumal diese ganz eigene Qualitäten wie Flexibilität, Zeitwohlstand und persönliche Nähe in den Arbeitsprozess einbringen. Gleich-

162 Klinger, »Leibdienst-Liebesdienst-Dienstleistung«.

163 BMFSFJ, *Zweiter Bericht über die Entwicklung des bürgerschaftlichen Engagements*, S. 271.

zeitig ermöglichen die unscharfen Grenzen zwischen professioneller und Laienarbeit aber permanente Qualifikationsüberschreitungen, die kaum sanktioniert werden. Während der Zweite Engagementbericht der Bundesregierung festhält, dass es beim Engagement in der Pflege »nicht um die Übertragung von unmittelbaren Aufgaben der Fachpflege an Freiwillige [geht]«[164], beschreiben die von uns befragten Freiwilligen das Arbeitsbündnis mit den Fachkräften als Parallelstruktur mit beinahe identischen Zuständigkeiten: Ein ehemaliger Elektriker und freiwilliger Demenzbetreuer sieht die Unterstützung bei der Nahrungsaufnahme als selbstverständlichen Bestandteil seines Engagements an. Eine gelernte Fleischfachverkäuferin und Nachbarschaftshelferin wäscht ältere Menschen in ihrer Häuslichkeit. Und ein Engagierter in der Altenhilfe gibt nicht ohne Stolz an, Patient*innen umzulagern, obwohl diese behandlungspflegerische Verrichtung eigentlich in der Zuständigkeit examinierter Fachkräfte liegt. Diese Grenzüberschreitungen erschweren nicht nur die seit Jahrzehnten andauernden Professionalisierungsversuche in der Pflege, sie überfordern (mehr oder weniger bewusst) auch die Freiwilligen und können sich vor allem schädigend auf die Pflegebedürftigen auswirken. Obwohl unklare Zuständigkeiten und vage Tätigkeitsprofile keine Geheimnisse und Praktiken rechtswidriger Arbeitskraftnutzung in der Pflege schon länger dokumentiert sind, werden solche Grenzüberschreitungen in der Debatte um das Potenzial sorgender Gemeinschaften nicht thematisiert. Die Leitvorstellung gemischter Sorge- und Pflegearrangements »als eine der zentralen Perspektiven für die Beantwortung der zukünftigen Unterstützungsbedarfe Hochbetagter«[165] scheint solche Risiken vielmehr billigend in Kauf zu nehmen. Die von Sozial- und Pflegepolitik als nachhaltig

164 Ebd., S. 428.
165 BMFSFJ, *Siebter Altenbericht*, S. 214.

beworbenen »gemischten Arrangements«, zielen so letzten Endes – eingebettet in die allgegenwärtige Gemeinschaftsrhetorik – auf die Aktivierung von Posterwerbsarbeit in Gestalt informeller, un- und unterbezahlter Arbeitsleistungen, bei denen unter Absehung qualifikatorischer Eignung, angemessener Bezahlung und arbeitsrechtlicher Standards kostengünstig Versorgungslücken in Zeiten des Pflegenotstands geschlossen werden.

6 Die Vielfalt der Posterwerbsarbeit im Community-Kapitalismus

Am Beispiel der Freiwilligenarbeit und der Laienpflege haben wir gezeigt, wie groß die Bandbreite an teilhabesichernden sozialen Dienstleistungen ist, die von Freiwilligen, informell arbeitenden Hilfskräften und Laien in Vereinen, Verbänden, Freiwilligenagenturen und Mehrgenerationenhäusern sowie im sozialen Umfeld außerhalb der Familie übernommen werden. Zugleich wird auch die Familie in der Pflegepolitik in neuer Weise als Dienstleister adressiert.

Das Feld nicht regulär entlohnter Aktivitäten jenseits des Privathaushalts, die substanziell zur sozialen Reproduktion und Daseinsvorsorge beitragen, ist aber noch erheblich facettenreicher. Drei Felder sind hier von besonderem Interesse, können jedoch nur in aller Kürze vorgestellt werden: informelle Unterstützung im sozialen Nahraum, unbezahlte Aktivitäten in digitalen Netzwerken und Online-Communitys sowie nicht entlohnte Arbeit in der Erwerbsarbeit. Wir werden zeigen, dass in diesen Bereichen die Anrufung von Gemeinsinn und Gemeinschaftlichkeit eine zentrale Rolle spielt, während zugleich deutlich wird, wie unterschiedlich Gemeinschaft als Zielgröße und Modus der Steuerung ausbuchstabiert sein kann. Die Einsicht in die Bedeutung von Digitalisierungsprozessen und digitalen Plattformen für die Entstehung neuer Formen der Posterwerbsarbeit verdankt sich insbesondere dem von Stefanie Graefe und Silke van Dyk geleiteten Forschungsprojekt »Freiwilligkeit als Ressource im Gegenwartskapitalismus«.[166]

166 Das von der DFG geförderte Forschungsprojekt, das seit November 2020 gemeinsam mit Hannah Schilling und Franziska Wiest bearbeitet wird,

Aktivierung informeller Hilfen im sozialen Nahraum

In der Debatte über bürgerschaftliches Engagement und neue Verantwortungsteilung werden zunehmend auch informelle Aktivitäten in den Blick genommen, die lange selbstverständlich als »heimliche Ressourcen der Sozialpolitik« und unterhalb des Radars sozialpolitischer Aufmerksamkeit geblieben sind: »Neben einem politischen, sozialen, kulturellen oder auf Geselligkeit ausgerichteten Engagement gibt es zahlreiche informelle Tätigkeiten, die in Formen des nichtorganisierten Engagements realisiert werden. Gemeint sind hier Tätigkeiten, die im Sinne einer umfassenden Gemeinnützigkeit von Individuum zu Individuum anzutreffen sind. Sie werden außerhalb der Kernfamilie (Eltern mit Kindern) im Rahmen von Netzwerken geleistet, die aus Nachbarn, Freunden und Verwandten bestehen. In den meisten Untersuchungen sind diese Aktivitäten nicht oder undifferenziert erfasst – und werden deshalb in ihrem Ausmaß und ihren gesellschaftlichen Wirkungen unterschätzt.«[167] Tatsächlich geht es in diesem Zusammenhang aber nicht nur darum, vorhandene informelle Sorgenetze zu erfassen und im neuen »Sorge-Mix« einzuplanen. Eingebettet in das verbreitete *Community-Lost*-Narrativ stehen vor allem die Erzeugung, der (Wieder-)Aufbau und die Unterstützung »lokaler Verantwortungsgemeinschaften«[168], sorgen-

geht von der Vermutung aus, dass Freiwilligkeit zum Dreh- und Angelpunkt einer sich neu herausbildenden *Mixed-Activity-Economy* wird. Ziel des Forschungsprojekts ist es, Freiwilligkeit als Regierungstechnologie und Ressource konzeptionell und empirisch zu erschließen; untersucht werden im deutsch-US-amerikanischen Vergleich Formen der nicht oder niedrig entlohnten Arbeit auf digitalen Plattformen (Prosuming, Clickworking, Sharing) sowie freiwilliges Engagement von abhängig Beschäftigten in Unternehmen der digitalen Ökonomie.

167 BMFSFJ/WZB, *Bericht zur Lage*, S. 65.

168 Kricheldorff u. a., »Sorgende Kommunen und Lokale Verantwortungsgemeinschaften«.

der Nachbarschaften und informeller Hilfenetze im Zentrum der Aufmerksamkeit.

Auffällig ist eine neue Orientierung am Sozialraum, die mit der »Strategie der Aktivierung und (Re-)Arrangierung informeller ›kleiner Netze‹«[169] Hand in Hand geht. Quartiersentwicklung ist vor diesem Hintergrund zum Schlagwort zahlreicher Programme geworden: »Um den demografischen und sozialen Herausforderungen zu begegnen, benötigen wir neue Strukturen des Zusammenlebens. Quartiersansätze stellen eine Möglichkeit dar, das Leben im Alter und das Zusammenleben der Generationen neu zu organisieren. Denn bei Quartiersentwicklung geht es darum, Gemeinschaft jenseits familiärer Strukturen dort erlebbar zu machen, wo sie entsteht: in den Nachbarschaften, Stadtvierteln, Dörfern und Gemeinden.«[170] Konkret geht es um eine Vielzahl von sozialen Hilfen: Neben Unterstützungsangeboten für ältere und mobilitätseingeschränkte Nachbar*innen sind vor allem informelle soziale und handwerkliche Dienste für diejenigen zu nennen, die sich professionelle Angebote nicht leisten können, sowie die Organisation sozialer Begegnungsmöglichkeiten und niedrigschwelliger Kinderbetreuung, nachbarschaftliche Fahrdienste oder die Pflege von Grünflächen und Spielplätzen.[171] Unter Pandemiebedingungen hat die Nachbarschaftshilfe seit dem Frühjahr 2020 zusätzliche Aufmerksamkeit erhalten. Ähnlich wie in der Aktivierung von Freiwilligenarbeit und Laienpflege ist auch hier eine »Steuerungstrias« aus Anrufung, Förderung und Unterlassen zu beobachten, die darauf zielt, der diagnostizierten Erosion traditioneller Nachbarschaftsbeziehungen

169 Kessl u. a., »Sozialraum«, S. 198.

170 Ministerium für Soziales und Integration Baden-Württemberg, *Landesstrategie Quartier 2020*.

171 Vgl. für Beispiele die Preisträger des Nachbarschaftspreises 2020: https://www.nachbarschaftspreis.de/de/Projekte/Projekte/ [15. 7. 2021].

neue, informelle Netzwerke im Quartier entgegenzusetzen. Mit dem Verlust ihrer für die Vergangenheit diagnostizierten Selbstverständlichkeit wird somit auch die Nachbarschaft zum Gegenstand politischer Steuerung, wie zum Beispiel der seit 2017 unter der Schirmherrschaft des Bundesinnenministeriums öffentlichkeitswirksam verliehene *Deutsche Nachbarschaftspreis* zeigt.

Es soll hier nicht darum gehen, am Sozialraum orientierte Programme grundsätzlich zu kritisieren, kann Quartiersentwicklung doch auch auf bedarfsgerechte Wohn- und Nahversorgungsangebote, soziale Infrastrukturen und eine gesundheitsförderliche Umgebung zielen. Problematisch werden Konzepte der Sozialraumorientierung aber dort, wo nicht lokale Ermöglichungsbedingungen im Vordergrund stehen, sondern eine Verschiebung der Lösung übergreifender, struktureller Probleme in den lokalen Raum zu verzeichnen ist. Häufig würden, so kritische Stimmen, gesellschaftliche Rahmenbedingungen wie die Kürzung von Sozialleistungen, Einschränkungen in der öffentlichen Infrastruktur oder Exklusionsprozesse zugunsten eines »doing community«[172] in den Hintergrund treten. Die kritische Analyse informeller Hilfen im sozialen Nahraum leidet außerdem darunter, dass sowohl Nachbarschaften als auch Freundschaften und Bekanntschaften als Basis sozialer Netze wenig beforscht und konzeptionell unterbestimmt sind.[173]

172 Böhnisch/Schroer, »Entgrenzung«, S. 42.

173 Ausnahmen bestätigen wie immer die Regel, vgl. zum Beispiel Schobin (»Sorgende Freunde«), der nicht verwandtschaftliche Beziehungen als Familienersatz in den Blick nimmt. Zu Nachbarschaften und den diesbezüglichen Forschungslücken vgl. z. B. Heinze u. a. (Hg.), *Digitalisierung und Nachbarschaft*.

Das Projekt »In guter Nachbarschaft – Sorgende Gemeinschaften«

In zahlreichen Kommunen sind in der jüngeren Vergangenheit *Caring-Community*-Projekte entstanden, die über die Propagierung »sorgender Gemeinschaften« als Pflegeressource hinausgehen und einen »generelle[n] Bedarf für einen Impuls zu mehr Nachbarschaftlichkeit und Stärkung der informellen Netzwerke«[174] ausmachen. Auch in einer baden-württembergischen Mittelstadt hat die von uns beforschte Koordinierungsstelle für Mitwirkung und Engagement im Jahr 2015 ein *Caring-Community*-Modellprojekt auf den Weg gebracht, das die Konzeptbestimmung aus der Landesengagementstrategie Baden-Württembergs zum Ausgangspunkt wählte:[175] Eine *Caring Community* wird in Anlehnung an die Landesstrategie in einem internen Dokument definiert als »eine sorgende, fürsorgende Gemeinschaft in einem Stadtteil, in der jeder Mensch Verantwortung übernimmt und übernehmen kann«. Das Pilotprojekt startete in drei Stadteilen mit dem Ziel, professionelle Dienstleistungen, freiwilliges Engagement und informelle Nachbarschaftshilfe in neuer Weise zu vernetzen und dabei vor allem Letztere auf- und auszubauen. Die Initiierung einer neuen Form der Nachbarschaftshilfe sollte zunächst über eine zentrale Koordinierungsstelle erfolgen, die unverbindlich, spontan und zeitlich begrenzt Freiwillige für niedrigschwellige Hilfen (z. B. Einkäufe, kleine Reparaturen, Spaziergänge mit nicht mobilen Nachbarn, Fahrdienste) vermittelt. Längerfristig war geplant, die neu entstehende Nachbarschaftshilfe von diesen Strukturen zu lösen und in die informelle Selbstverständlichkeit alltäglicher Unterstützung im Quartier zu überführen. Wir haben mit den verantwortlichen Koordinato-

174 Wild u. a., »Wie möchten wir zusammenleben?«, S. 115.

175 Ministerium für Arbeit und Sozialordnung, Familie, Frauen und Senioren, *Engagementstrategie Baden-Württemberg*.

rinnen des Projekts in der Anfangsphase sowie nach Abschluss des Pilotprojekts gesprochen. Sie kommen zu dem Schluss, dass das Anliegen des Aufbaus neuer Nachbarschaftshilfen durch koordiniertes, niedrigschwelliges Engagement gescheitert ist, da sich informelle Hilfe nicht am Reißbrett gestalten und von oben verordnen lasse. Auch stellte sich heraus, dass Angebot und Nachfrage nicht zusammen passten: So gab es einerseits kaum Nachfrage nach niedrigschwelligen Alltagshilfen, weil entweder bestehende Netzwerke ausreichten oder die Hemmschwelle, fremde Freiwillige anzufordern, zu hoch war; andererseits wurden durchaus Unterstützungsleistungen größeren Umfangs nachgefragt (z. B. die Montage einer Schlafzimmereinrichtung oder eine 14-tägige Betreuung nach Krankenhausaufenthalt), die die Kapazität und Bereitschaft der Ehrenamtlichen jedoch überstiegen und zur Folge hatten, dass diese sich als Gratisarbeitskräfte ausgenutzt fühlten.

Aufgrund dieser Erfahrungen erfolgte ein Strategiewechsel, informelle Hilfeleistungen nicht mehr durch Ehrenamtliche auf den Weg zu bringen, um mittel- und langfristig selbsttragende Strukturen zu etablieren. Stattdessen richtet sich der Fokus nun auf den Aufbau sozialer Beziehungen im sozialen Nahraum, deren Effekt dann bestenfalls die Entstehung und Re-Vitalisierung nachbarschaftlicher Hilfe sein soll. So betont die Leiterin der Koordinierungsstelle: »Im Grunde ist es ja so, dass diese ganzen Aktivitäten im Prinzip ein Ersatz sind, ein künstlicher Ersatz für gewachsene Strukturen, die verloren gegangen sind. Und man braucht für diese gewachsenen, ehemals gewachsenen Strukturen, eine Alternative oder eine ähnliche Alternative, [die] nach ähnlichen Prinzipien funktioniert. Das heißt, ich muss mich dort, wo ich bin, wohlfühlen, ich muss da Menschen haben, die ich kenne, denen ich begegne und wo man auch Anlässe findet, einfach auch weil man weiß, ach der hat grad ein Problem und dann gehe ich geschwind für den einkaufen. Also, Hilfe, Unterstützung braucht einen Anlass.« Zu einem ähnlichen Ergebnis, verbunden mit der Umstellung auf eine langfristige, indirekte Aktivierungsstrategie, kommt auch ein *Caring-Community*-Modellprojekt des Österreichischen Roten Kreuzes: »Alltags-Kulturentwicklung« habe Priorität »vor Angebots-Optimierung«, mit dem Ziel, »die Kreise der Sorge [...] prozesshaft im kommunalen Raum« zu vertiefen und zu erweitern, sowie »das soziale Kapital und die alltäglichen ›Beziehungsqualitäten‹«[176] ins Zentrum der politischen Aufmerksamkeit zu rücken. Der Aufbau posttraditionaler, informeller Gemeinschaften im sozialen Nahraum erweist sich damit als Herausforderung politischer Steuerung, die von der Ambivalenz geprägt ist, informelle Hilfe jenseits traditioneller Bezüge »anzureizen«, ohne sie zu formalisieren. Da sich in den Modellprojekten gezeigt hat, wie eng die Bereitschaft zur informellen Unterstützung an die soziale Beziehung geknüpft ist, verschiebt sich der Fokus der Regierung von Gemeinschaft auf die Erzeugung des »Rohstoffs« der sozialen Beziehung selbst – als Rohstoff für die zukünftige, selbsttätig erbrachte, unbezahlte Arbeit im sozialen Nahraum.

Digitale Plattformen als Infrastruktur für Communitys und Nachbarschaften?

Über die Bedeutung von Gemeinschaften im Gegenwartskapitalismus zu sprechen ist nicht mehr möglich, ohne den Prozess der Digitalisierung in den Blick zu nehmen. Gerade am Beispiel der Nachbarschaft zeigt sich dabei, wie eng digitale und analoge Welt inzwischen verknüpft sind. So betonen die Gründer der Nachbarschaftsplattform *nebenan.de*, auf der nach Selbstauskunft 1,7 Millionen Menschen als Nutzer*innen registriert sind, dass für sie »weniger die ›smarte Stadt‹ im Vor-

176 Wild u.a., »Wie möchten wir zusammenleben?« S. 117 f.

dergrund [stehe] als vielmehr die Frage, welche digitalen Tools Bürgerinnen und Bürger zu mehr Teilhabe und Gemeinschaft verhelfen können«.[177] Ganz im Sinne einer Sozialraumorientierung, die Aufgaben wie Armutsbekämpfung, Teilhabesicherung und soziale Integration ins Lokale verlagert, begreifen die Betreiber*innen »die Nachbarschaft als einen Ort, an dem die großen Herausforderungen der Gesellschaft im Kleinen gelöst werden können«[178], verbunden mit dem Anspruch, die digitale Infrastruktur für das analoge Potenzial dieser Nachbarschaften bereitzustellen.

Tatsächlich unterliegen sowohl das Verständnis wie auch die Praxis von Gemeinschaft(en) einem Wandel durch Digitalisierungsprozesse. In der Frühphase des Internets und den Anfängen der Freie-Software-Bewegung stand zunächst das gegenkulturelle Potenzial von Online-Communitys im Zentrum der Debatten, die – so die Überzeugung – »auf Basis einer hochtechnologischen Infrastruktur tausende von Personen umfassen konnten, ohne formale Hierarchien ausbilden zu müssen«.[179] Die ursprüngliche Idee vom Internet als hierarchiefreiem Raum gehört heute weitgehend der Vergangenheit an, zeigt sich doch, trotz fortbestehender Nischen, dass der »Plattform-Kapitalismus«[180] der Gegenwart von wenigen Tech-Konzernen mit Monopolisierungstendenzen dominiert wird. Die Daten der User*innen stellen den Rohstoff des Plattformkapitalismus und die Quelle der Profitgenerierung dar. In diesem Prozess werden die User*innen nicht als Arbeitskräfte oder Datenlieferanten adressiert (und entlohnt), sondern – eingebettet in eine Sprache von Autonomie und Wahlfreiheit – als vernetzte Individuen angesprochen, denen eine

177 Kappes/Vollmann, »Auf digitalem Weg«, S. 125.
178 Ebd.
179 Stalder, *Kultur der Digitalität*, S. 91.
180 Srnicek, *Plattform-Kapitalismus*.

soziale Infrastruktur für ihr gesamtes Leben, ihre sozialen Beziehungen, ihre Freizeit, ihre Interessen und Vorlieben geboten wird: »Jeden Tag verfügen eine Milliarde Menschen in fortgeschrittenen Volkswirtschaften über zwei bis sechs Milliarden Stunden freie Zeit. Diese Stunden zu erfassen und zu monetarisieren ist das Ziel des Plattformkapitalismus.«[181] Eingebettet ist diese Praxis in eine moralische Ökonomie der Likes, Ratings, Rankings und Wettbewerbstools als nichtmonetäre Anreize, die Aufmerksamkeit, Reputation und Zugehörigkeit versprechen.

Grundsätzlich erweist sich Gemeinschaftlichkeit, wie der Netztheoretiker Felix Stalder unterstreicht, auch in der durch Plattformen geprägten Aufmerksamkeitsökonomie als fester semantischer Bestandteil der »Kultur der Digitalität«[182]. In Abgrenzung von der deutschen Begriffstradition im Anschluss an Tönnies spricht Stalder von »communities of practice«[183] und betont ihren posttraditionalen Charakter sowie ihre informelle Organisationsform. Zugleich haben die neuen technischen Möglichkeiten das Potenzial, gemeinschaftliche Formationen zu erzeugen, »die selbstbezogene Welten hervorbringen«[184]. Das Netz erlaubt sowohl, sich in sehr speziellen Gruppen (»Alpinclub sozialdemokratischer, alleinerziehender Väter«) zusammenzufinden als auch die Informationsgewinnung an ausgewählte Diskursgemeinschaften zu binden, woraus – im Zusammenspiel mit algorithmischer Steuerung – die viel diskutierten Filter Bubbles erwachsen.

Parallel zu neuen Möglichkeiten des digital unterstützten Aufbaus von Gemeinschaften gewinnt die diskursive Rahmung von Gesellschaft als Addition zahlreicher Gemeinschaften an

181 Scholz, *Uberworked and Underpaid*, S. 4; eigene Übersetzung.

182 Stalder, *Kultur der Digitalität*.

183 Ebd., S. 136.

184 Ebd., S. 13.

Einfluss, wie sie insbesondere von Facebook propagiert wird. Die Plattform selbst – auf der im Frühjahr 2021 ca. 2,3 Milliarden Nutzer*innen registriert sind – agiert dabei diskursiv und technologisch als *Meta-Community*, die die globale Infrastruktur für Community-Building zur Verfügung stellt. In einem seiner *Mission-Statements* an die Facebook-Community schreibt Marc Zuckerberg: »In den letzten zehn Jahren hat sich Facebook darauf konzentriert, Freunde und Familien zu vernetzen. Auf dieser Grundlage wird unser nächster Schwerpunkt die Entwicklung der sozialen Infrastruktur für die Gemeinschaft sein – um uns zu unterstützen, um für unsere Sicherheit zu sorgen, um uns zu informieren, um uns bürgerschaftlich zu engagieren und um alle einzubeziehen.«[185] Die propagierte Mission ist eingebettet in die klassische Community-Lost-Narration, verbunden mit dem Versprechen, dass Facebook einen globalen Ersatz für diese verloren gegangene, räumlich begrenzte Gemeinschaftlichkeit der Vergangenheit bieten wird. Dabei wird nicht nur der Anspruch ersichtlich, eine digitale Infrastruktur für analoge Gemeinschaftlichkeit zu schaffen. Es wird – sehr viel grundsätzlicher noch – die Re-Organisation zentraler Felder der Daseinsvorsorge, Infrastruktur, Sicherheit und Solidarität angekündigt, tauchen doch staatliche oder öffentliche (soziale) Angebote und Strukturen in dieser Vision nicht (mehr) auf. Es ist eine noch offene Frage, welchen Einfluss digitale Plattformen als globale soziale Infrastrukturen tatsächlich entwickeln werden und welche Rolle ihnen für Fragen der sozialen Reproduktion zukommen wird.[186] Was wir jedoch bereits heute für bestimmte (Dienst-)Leistungen empirisch beobachten können, ist die von Stefanie Graefe und Silke van Dyk untersuchte Verknüpfung von Gemeinschafts-

185 Zuckerberg, *Building Global Community*, o. S.; eigene Übersetzung.

186 Zur Bedeutung von Plattformunternehmen als Infrastrukturen der sozialen Reproduktion vgl. auch Altenried u. a., *Plattformkapitalismus*.

anrufung, gemeinschaftsförmiger Praxis und nicht entlohnter Arbeit auf digitalen Plattformen. Dabei geht es nicht nur um die Ressource Daten, die die User*innen mit jeglicher Online-Aktivität generieren, sondern spezifischer um die Leistungen sogenannter Prosumer. Im Neologismus des »Prosumers« sind die fließenden Grenzen zwischen produzierenden und konsumierenden Aktivitäten auf einen neuen Begriff gebracht worden.[187] Was früher die Aufgabe von Journalist*innen, Prüfer*innen von Stiftung Warentest, Werbefachleuten oder professionellen Dienstleistern und Produktentwickler*innen war, wird heute auf Plattformen wie Amazon, Yelp und Tripadvisor, bei Navigations- und Touren-Apps oder auf Gaming-Plattformen unbezahlt von den Nutzer*innen übernommen.[188]

Die Rennradfahrerin, die mit dem Routen- und Tourenplaner Komoot unterwegs ist, teilt nicht nur die von ihr ausgearbeitete Strecke oder modifiziert vorliegende Touren, sie lädt auch Fotos von besonderen Sehenswürdigkeiten hoch, gibt ein, wenn eine Teilstrecke aktuell nicht rennradkompatibel ist und vermerkt, dass der angegebene Fahrradladen samstags geschlossen ist. Indem sie sich als Teil einer Rennrad-Community begreift, in der sie Wissen und Erlebnisse teilt, verbessert sie zugleich die kommerziell operierende App. Schulz-Schaeffer konstatiert für diese Form des »Crowdsupporting« einen dreiseitigen Zusammenhang von »Konsum, Verbundenheit mit einer Sache von tieferer Bedeutung und Bezogenheit auf eine Gemeinschaft Gleichgesinnter«[189]. Für viele gehe es darum, so auch das Wirtschaftsmagazin *Brand Eins*[190], »Teil einer Gemeinschaft zu sein und von ihr Anerken-

187 Ritzer, »Prosumer Capitalism«.
188 Zwick u. a., »Putting Consumers to Work«, S. 176.
189 Schulz-Schaeffer, »Crowdsupporting als Gabentausch«, S. 27.
190 Müller, »Discogs«.

nung für Wissen und Können zu erhalten«, wobei den meisten nicht bewusst sei, wie wertvoll ihre Beiträge sind«.

Nicht monetarisierte Formen der Anerkennung und Würdigung (»Top-Reviewer«, »Touren-Königin«) tragen wesentlich dazu bei, diese Aktivitäten gerade nicht als Arbeit zu rahmen (und zu entlohnen), ein Prinzip, das aus den geschlechtsspezifisch kodierten Bereichen der Sorge- und Hausarbeit hinlänglich bekannt ist.

Unbezahlte Arbeit in der Erwerbsarbeit

Wenn es um unbezahlte Arbeit geht, dann kann auch die Erwerbssphäre nicht ausgeblendet bleiben. Die Frage nach unbezahlter Mehrarbeit und nicht entlohnten Überstunden liegt hier auf der Hand, aber tatsächlich ist das Feld wesentlich facettenreicher: angefangen vom Arbeitsweg, der einseitig zu Lasten der Beschäftigten geht, über Werkverträge, die faktisch zur Folge haben, dass geleistete Arbeitsstunden nicht vergütet werden, die Zunahme unbezahlter Mehrarbeit in der entgrenzten, subjektivierten Arbeit[191] bis hin zu dem grundsätzlichen Umstand, dass unbezahlte Arbeit – unsichtbar gemacht im vermeintlichen Äquivalententausch von Lohn und Arbeitsleistung – das Lebenselixier kapitalistischer Akkumulation ist. Wir wollen im Sinne der Community-Kapitalismus-These den Fokus aber enger fassen und abschließend schlaglichtartig nur solche Konstellationen beleuchten, in denen eine Verknüpfung von nicht (regulär) entlohnter Arbeit und Gemeinschaftsanrufung zu identifizieren ist.

In vielen Start-ups, aber auch in größeren Konzernen zeichnet sich ein Trend ab, das Unternehmen als Community

191 In der Arbeitssoziologie wird schon länger das Phänomen »subjektivierenden Arbeitshandelns« und der Bedeutungszuwachs subjektiver, gleichzeitig immer weniger sicht- und messbarer Arbeitsleistungen der Beschäftigten beforscht (Böhle, »Subjektivierendes Arbeitshandeln«.).

mit gemeinsamer Mission zu präsentieren, verbunden mit einer Ästhetisierung von Arbeit als Nicht-Arbeit. Mitarbeiter*innen werden aufgerufen, »sich selbst weniger als Arbeitskräfte und eher als Mitglieder einer Familie zu betrachten«.[192] In ihrem Bestseller *How Google Works* erklären Erik Schmidt und Jonathan Rosenberg aus der Führungsspitze des Konzerns das Modell der *Work-Life-Balance* für veraltet, da die Grenze zwischen Arbeit und Freizeit nicht mehr zeitgemäß sei: »Für viele Menschen ist die Arbeit ein wichtiger Teil des Lebens, nicht etwas, das abgetrennt werden muss. Die besten Kulturen ermöglichen es den Menschen, in positiver Weise überarbeitet zu sein, mit zu vielen interessanten Dingen, die sowohl bei der Arbeit als auch zu Hause zu tun sind. Wenn Sie also eine Führungskraft sind, liegt es in Ihrer Verantwortung, die Arbeit lebendig und erfüllend zu gestalten; es ist kein wesentlicher Bestandteil Ihrer Aufgabe, dafür zu sorgen, dass die Mitarbeiter*innen durchgängig eine Vierzig-Stunden-Woche haben.«[193]

Dass sich die Präsentation und Organisation des Unternehmens als Familie oder Gemeinschaft in barer Münze auszahle, ist in immer mehr Managementstrategien zu lesen. So preist der Deutschlandchef der Unternehmensberatung Bain & Company im *Manager-Magazin* das Unternehmen DaVita (Dialysespezialist), das kurz vorm Konkurs stand, um sich dann durch eine neue Unternehmensstrategie mit folgendem Leitspruch zu retten: »Wir sind vor allem eine Gemeinschaft, weniger ein Unternehmen«. Er konstatiert: »Heute sehen sich Tausende DaVita-Mitarbeiter an der Patientenfront als Mannschaftsspieler. Wer für Dialysepatienten besondere Anstrengungen unternimmt, wird von den Kollegen gefeiert. [...] Dieses

192 Ebd.

193 Schmid/Rosenberg, *How Google Works*, S. 51; eigene Übersetzung.

Wir-Gefühl ist der Schlüssel zum Erfolg.«[194] Managementvordenker Henry Mintzberg setzt gar der Krise des flexiblen Finanzmarktkapitalismus seit 2008 die Idee des Unternehmens als Gemeinschaft entgegen, verberge sich doch hinter der Wirtschaftskrise »eine weitere Krise von noch größerem Ausmaß: der Verlust des Gemeinsinns in Unternehmen«.[195] Die vor allem (wenn auch nicht ausschließlich) bei Hochqualifizierten diagnostizierte Bereitschaft zur Selbstausbeutung wird dieser Leitidee folgend über ihre Einbettung in eine Community mit Mission in neuer Weise angereizt und gerahmt.

Ein ganz anderes Feld mit entgegengesetzter Dynamik ist die bezahlte (Für-)Sorgearbeit in der Kranken- und Altenpflege, der frühkindlichen Betreuung und Sozialen Arbeit. Dass diese Tätigkeiten auch in der Erwerbsarbeit als »Jederfrautätigkeiten« gerahmt werden, die mehr Herz als Qualifikation erfordern, hat historisch – wie vielfach gezeigt worden ist – zu ihrer im Vergleich zu anderen Berufsfeldern und Professionen signifikant schlechteren Bezahlung geführt. Die Idee vom Liebes- und Gemeinwohldienst, der nicht mit Geld aufzuwiegen ist, bestimmt hier die Rahmung für schlecht bzw. in Teilen faktisch nicht entlohnte Arbeit. Während die Arbeit in Start-Ups und Tech-Unternehmen affektiv angereichert und als gemeinsame Mission neu akzentuiert wird, erleben wir in der Sorgearbeit eine gegenläufige Entwicklung: Wie wir am Beispiel der Altenpflege gezeigt haben, findet hier eine Ausgliederung affektiver und fürsorglicher Komponenten von Care in den Aufgabenbereich von Freiwilligen und Laien statt, um die professionelle Pflege im rationalisierten und verdichteten Ar-

194 https://www.manager-magazin.de/unternehmen/karriere/unternehmensfuehrung-die-knappen-ressourcen-richtig-managen-a-1156002.html [1. 7. 2021].

195 https://www.manager-magazin.de/harvard/strategie/managementvordenker-henry-mintzberg-das-unternehmen-als-gemeinschaft-a-00000000-0002-0001-0000-000174106579 [1. 7. 2021].

beitsprozess stärker auf den medizinisch-technischen Kern von Cure auszurichten. Weil diese abgespaltenen Komponenten aber für viele Pflegekräfte wesentlicher Teil ihres professionellen Selbstverständnisses sind, nehmen sie unbezahlte Mehrarbeit in Kauf, um ihr Berufsethos realisieren zu können: Unter der Überschrift »Caring for nothing« resümiert die Soziologin Donna Baines auf Basis einer empirischen Untersuchung zu professionellen sozialen Dienstleistungen in Kanada: »Da die Identität und der Erfahrungsschatz der Beschäftigten mit Vorstellungen von Altruismus und Fürsorge verbunden sind [...], lehnen die meisten Beschäftigten unbezahlte Arbeit nicht ab.«[196] Mehr noch, viele der interviewten Arbeitskräfte begreifen diese Form der nicht entlohnten Arbeit sogar als Widerstand »gegen eine zunehmend entfremdete Gesellschaft«[197] sowie den sorgefeindlichen Charakter einer neoliberal umstrukturierten Gesellschaft. Zu einem ähnlichen Ergebnis kommt eine Untersuchung zu Arbeitsbedingungen und -kämpfen von Pflegekräften im deutschen Krankenhauswesen: Auch hier zeigt sich, dass die Diskrepanz zwischen den Anforderungen eines durchrationalisierten und ökonomisierten Krankenhausalltags und einem Pflegeethos, das auf soziale Nähe, Fürsorge und die Eigenzeit sozialer Beziehungen setzt, durch unbezahlte Mehrarbeit der Krankenpfleger*innen abgefedert und bearbeitet wird.[198] An diesen Beispielen zeigt sich, wie auch in der entlohnten Sorgearbeit durch Spar- und Umstrukturierungsprozesse sorgende Gemeinschaften aktiviert werden, die für die Realisierung fürsorglicher Elemente im Kontext sozialer Dienstleistungen auf die nicht entlohnte Arbeit von Freiwilligen wie von professionellen Kräften angewiesen sind.

196 Baines, »Caring For Nothing«, S. 267; eigene Übersetzung.
197 Ebd.; eigene Übersetzung.
198 Dück, *Kämpfe um Care.*

7 Wo ist das Problem? Kehrseiten gemeinschaftsförmiger Sorge

Wir haben dargelegt, wie die Kombination aus Posterwerbsarbeit und Gemeinschaftspolitik in unterschiedlichen Feldern den Stoffwechsel des Community-Kapitalismus antreibt. Wie am staatlichen Ausbau des Freiwilligensektors gezeigt, agiert der Staat dabei in den von Kostendruck und Fachkräftemangel besonders betroffenen Bereichen sozialer Daseinsvorsorge als Treiber einer Informalisierung und Deprofessionalisierung von Arbeit. Zugleich macht er sich die Folgen dieser Politik – die zunehmend unscharfen Grenzen zwischen ehren- und hauptamtlicher Arbeit, zwischen professioneller- und Laienarbeit, zwischen Arbeit und Freizeit – strategisch zunutze. Dies wird besonders im Feld der Altenpflege deutlich, das als Vorreiter einer sozialpolitischen Mobilisierung des informellen Sektors gelten kann. Am Beispiel der Nachbarschaftshilfe haben wir gezeigt, wie staatliche Steuerungen informeller Hilfen auch an ihre Grenzen kommen (können), mit der Folge, dass hier eine Umstellung weg von der Aktivierung von Posterwerbsarbeit hin zum Aufbau sozialer Beziehungen zu beobachten ist. Diese sind langfristig dazu gedacht, die informelle Unterstützung im sozialen Nahraum zu tragen. Fließende Grenzen zwischen Arbeit und Freizeit, Privatsphäre und Öffentlichkeit werden schließlich auch in der digitalen Ökonomie genutzt, um Angebotslücken zu schließen, wobei hier die Erzielung privatwirtschaftlicher Gewinne durch die Ausbeutung nicht regulär entlohnter Arbeit im Zentrum steht. Ein wenig beachtetes Feld ist zudem die Posterwerbsarbeit in der Erwerbsarbeit, die ebenfalls auf den Gemeinsinn und die Gemeinschaft der Beschäftigten setzt.

Während sich die Problematik der privatwirtschaftlichen Aneignung unbezahlter Mehr- und Zuarbeit als Profitquelle relativ leicht als Ausbeutung erschließt, stellt sich die Frage, was an der Mobilisierung von Freiwilligkeit und Gemeinschaftlichkeit in nicht profitorientierten Sorgekontexten eigentlich auszusetzen ist. Da diese Frage im Lichte der verbreiteten Sakralisierung freiwilliger Arbeit und gemeinschaftsbasierter Fürsorge bislang kaum gestellt wird, werden wir uns auf die Kehrseiten und Probleme gemeinschaftsförmiger Fürsorge und Unterstützung konzentrieren, dabei stets aber auch deren emanzipatorische Potenziale im Blick behalten. Im Folgenden soll es sowohl um die arbeitspolitischen Folgen von Gemeinschaftspolitik und Posterwerbsarbeit und die mit ihnen verbundenen Prozesse der Informalisierung und Deprofessionalisierung gehen als auch um den spezifischen Charakter und die Kehrseiten freiwilliger Sorge und Hilfe. Mithilfe der idealtypisch zugespitzten Kontrastierung freiwilliger Gaben und institutionalisierter sozialer Rechte fragen wir schließlich danach, inwiefern und unter welchen Bedingungen informell-gemeinschaftsförmige Sorge autonomiefördernd wirkt oder aber Gefahr läuft, neue Abhängigkeiten zu produzieren und soziale Ungleichheitsverhältnisse zu stabilisieren.

»Poor Services for poor people?« Informalisierung und Deprofessionalisierung von Arbeit

Wir haben gezeigt, wie (vornehmlich) posttraditionale Gemeinschaften und ihre informellen Unterstützungspotenziale mithilfe einer politischen Steuerungstrias aus Anrufung, Förderung und Unterlassen erschlossen werden: Im Kontext der Aufrechterhaltung des lokalen Nahverkehres, der Renovierung und Instandhaltung sozialer Infrastruktur, der Betreuung von Geflüchteten oder der Armenfürsorge (zum Beispiel in Tafeln und Schuldnerberatung) ist gezeigt worden, dass Rechtsansprüche und rechtliche Vorgaben mit der kostenlosen oder kostengünstigen Nutzung freiwilliger Arbeit eingelöst werden. In den Sorgebereichen der Langzeitpflege, Sterbebegleitung und Familienhilfe sowie der Kinder- und schulischen Ganztagsbetreuung lässt sich zudem eine Dynamik aus Kostendruck, (Fach-)Personalmangel und der Förderung monetarisierter, semi-professionalisierter Laientätigkeiten beobachten, die qualifikatorische Grenzüberschreitungen und die Substitution regulärer durch informelle Arbeit nicht nur billigend in Kauf nimmt, sondern gezielt ausbeutet, um Reproduktionskosten gering zu halten. In digitalen Netzwerken agieren Prosumer*innen unbezahlt als inoffizielle Mitarbeiter*innen von Unternehmen, die professionelle Tätigkeiten der Produktentwicklung, des Produktdesigns und der Werbung gewinnbringend auslagern. Jenseits arbeitsvertraglicher, arbeits- und tarifrechtlicher Standards entstehen so in ganz unterschiedlichen Feldern Graubereiche nicht erwerbsförmiger Arbeit mit teilweise hohem Verdienstlichungsgrad und Quasi-Bezahlung. Mit zunehmend durchlässiger werdenden Grenzen zwischen formellen und informellen Tätigkeiten und der Substitution regulärer, durch qualifizierte Erwerbsarbeit getragener Angebote durch informelle Leistungen geht eine weitreichende Informalisierung von Arbeit und Sorge einher.

Weil neben monetären Anreizen auch qualifikatorische Anreize für den verbindlichen Einsatz freiwilliger Arbeit genutzt werden, finden außerdem – und insbesondere im Feld der Sozialen Berufe – Prozesse der Deprofessionalisierung von (Sorge-)Arbeit statt. Diese manifestieren sich, wie beispielhaft an der Pflege und Altenhilfe gezeigt, in Gestalt qualifikatorischer Grenzüberschreitungen, bei denen freiwillige Laien nicht selten die Arbeit überlasteter Fachkräfte übernehmen: Wenn Freiwillige bettlägerige Patient*innen lagern, waschen und bei der Nahrungsaufnahme assistieren oder im staatlichen Auftrag und in der Zuständigkeit professioneller Familienhilfe liegende Unterstützungsleistungen übernehmen, werden nicht nur ohnehin mühsame Professionalisierungsbemühungen in den als »Jederfrautätigkeiten« geltenden Sozialberufen erschwert. Auch berufliche Profile verändern sich im Zusammenspiel mit dem Einsatz Freiwilliger und werden, wie man in der Pflege oder Sozialen Arbeit sehen kann, auf technisch-medizinische und/oder administrativ-managerielle Tätigkeitsbündel ausgerichtet, was mit der Auslagerung fürsorglich-sorgender Tätigkeitselemente an angelernte Laien und Freiwillige einhergeht.

Das Nachsehen haben dabei nicht nur Freiwillige, die überfordert zu werden drohen, oder Fachkräfte, deren Professionsanspruch mit dem Verweis auf ein »Ideologem des Herzens«[199] relativiert wird, während ihnen zugleich sorgende Elemente der Arbeit entzogen werden bzw. aufgrund von Rationalisierungs- und Verdichtungsprozessen auf der Strecke bleiben. Auch die Nutzer*innen freiwilliger Leistungen können benachteiligt werden, wenn sie mangels professioneller Alternativen Hilfeleistungen von Laien in Anspruch nehmen (müssen), die fachlichen Standards nicht genügen und sich, etwa im Fall qualifikatorischer Grenzüberschreitungen, schlimmstenfalls schädigend auswirken. Da insbesondere diejenigen auf Laien angewiesen sind, die die Versorgungslücken nicht über einen privaten Zukauf an professionellen Dienstleistungen kompensieren können, entpuppt sich der staatliche Aufbau »sorgender Gemeinschaften« als Förderung von »poor services for poor people«[200]. In diesem Rahmen müssen vor allem sozial schwache Hilfsbedürftige auf Unterstützungsleistungen durch Laien vertrauen, deren Qualität und Zuverlässigkeit unsicher bleiben muss.

199 Haubner, *Die Ausbeutung der sorgenden Gemeinschaft*, S. 298.
200 Schenk, »Armut und gefährdete Selbst- und Fürsorge«, S. 53.

Damit ist nicht infrage gestellt, dass Engagement und Freiwilligenarbeit tatsächlich wirksame Entlastungen angesichts von Personalmangel, Zeit- und Kostendruck bieten. Wie unsere empirischen Befunde etwa in der Pflege zeigen, wird die Arbeit Freiwilliger nicht nur von überforderten Fachkräften, sondern auch von Hilfsbedürftigen dankbar angenommen. Das hängt auch damit zusammen, dass sich Freiwillige jenseits professioneller Distanz, staatlicher Kontrollansprüche und Zeitdruck in einer Weise den Bedürfnissen der Adressat*innen widmen können, die für professionelle Sorgearbeit unter Bedingungen der Rationalisierung und Verdichtung von Arbeitsprozessen immer schwerer zu erfüllen ist. Hierbei handelt es sich jedoch nicht um eine quasi »natürliche« Sorgelücke im luftleeren Raum, die nur vom unbezahlbaren »Liebes- und Gemeinwohldienst« der Freiwilligen geschlossen werden kann – wie häufig zu hören ist –, sondern um das Resultat einer Politik der Deregulierung und Kommodifizierung sowie des Kostendrucks im Sozial- und Gesundheitssektor. Dass der Einsatz von Freiwilligen als Lückenbüßer so weit getrieben werden kann, dass er zum Abbau des Rationalisierungsdrucks beiträgt, ist dabei nicht zuletzt auf die unvollständige Professionalisierung von Pflege und Sozialer Arbeit zurückzuführen.

Unproblematisches Engagement

Neben diesen problematischen Entwicklungen schärft unsere Studie zugleich den Blick dafür, dass es zahlreiche Beispiele unproblematischen Engagements gibt, das tatsächlich zusätzlich und nicht substituierend zum Einsatz kommt, wie die ehrenamtliche Pilzsprechstunde, in der Pilzkundige die Funde von anderen unter die Lupe nehmen, der von Freiwilligen organisierte wöchentliche Töpferabend im Mehrgenerationenhaus oder der *Wünschewagen*, der auf ehrenamtlicher Basis todkranken Menschen einen letzten Wunsch erfüllt. Daneben haben wir Beispiele für gelungenes Grenzmanagement im freiwilligen Engagement gefunden, wenn zum Beispiel die Vertreterin einer Freiwilligenagentur mit Nachdruck darauf hinweist, dass der von Ehrenamtlichen organisierte (Vor-) Lesenachmittag in der lokalen Bibliothek vom regelmäßigen Einsatz von Lesepat*innen an Grundschulen zu unterscheiden ist, die oft faktisch die Förderung von Kindern mit Lernschwierigkeiten und erhöhtem Betreuungsbedarf übernehmen. In der Bibliothek sind die Ehrenamtlichen demgegenüber angehalten, Kinder mit auffälligen Lern- und Leseschwierigkeiten sofort an professionelle Kräfte weiterzuvermitteln. Auch ein lokaler Bürgerbus, der den öffentlichen Nahverkehr nicht ersetzt, sondern ein zusätzliches Angebot für nicht mobile Senior*innen darstellt, die zu Hause abgeholt werden, ist ein Beispiel für nicht substituierendes Engagement. Diese Grenzen sind natürlich weder fix noch einfach zu setzen und müssen Gegenstand permanenter Aushandlung bleiben, wenn die Antwort auf die identifizierten Fallstricke der Posterwerbsarbeit nicht in einem radikalen Etatismus münden soll, der alle Formen der Selbstorganisierung unterbindet. Neben dem Professionalisierungsgrad, den konkreten Professionalitätskriterien und der Qualität der Leistung stellen die Zusätzlichkeit und Arbeitsmarktneutralität im Blick auf teilhabesichernde Felder der Daseinsvorsorge und Infrastruktur sowie die »Verdienstlichung« formal freiwilliger Arbeit als faktisch prekäre Beschäftigung zentrale Kriterien für eine solche Abgrenzung dar. Um es veranschaulicht zuzuspitzen: Freiwillige können in der ehrenamtlichen Pilzsprechstunde beraten, solange es nicht Ehrenamtliche sind, die die Notfallversorgung bei Pilzvergiftungen übernehmen; Freiwillige können nach dem Gemeindefest Fahrdienste für ältere Gemeindemitglieder anbieten, solange am nächsten Morgen der öffentliche Nahverkehr die Fahrt zum Arzt gewährleistet; Freiwillige können überschüssige Lebensmittel einsammeln und für Stadtteilfeste oder Volxküchen stiften, solange sie mit ihrem Engagement nicht das alltägliche Überleben von Bedürftigen sichern müssen; Freiwillige können in Freiwilligendiensten neue Erfahrungen sammeln und ihren Horizont erweitern, solange der Dienst nicht als Auffangbecken und Aktivierungsmaschinerie für Langzeitarbeitslose genutzt wird.[201]

Regelungsbedarf besteht dabei nicht nur auf der Seite der Freiwilligenarbeit, auch professionelles Handeln müsste, insbesondere in den Sozial- und Sorgeberufen, gegenüber Laienhandeln klar(er) abgegrenzt werden. Dies wiederum wird dann möglich, wenn professionelle Sorgearbeit von Ökonomisierungs- und Rationalisierungsdruck befreit und im Rahmen eines ganzheitlichen Professionalisierungsprozesses – der nicht auf Kosten unrentabler und fürsorglicher Anteile geht – aufgewertet würde. Nur in der zusätzlichen Ergänzung zu einer bedarfsgerecht ausgebauten professionellen Versorgungsstruktur können freiwillige Laientätigkeiten ihre Potenziale und ihren vielgelobten Eigensinn auch entfalten. Dies wird umso deutlicher, wenn man sich die »Grenzen der Gemeinschaft« vor Augen führt: Denn selbst wenn Sorgearbeit von Rationalisierungsdruck befreit und aufgewertet wird und Freiwillige tatsächlich arbeitsmarktneutral agieren können, weist ihre Tätigkeit Merkmale auf, die mit Versorgungs-, Autonomie und Freiheitsansprüchen kollidieren können.

201 Dieser anschaulichen Beispiele zum Trotz wird sich das Feld der Freiwilligenarbeit in der Realität nicht einfach in einen problematischen und einen unproblematischen Strang aufteilen lassen, da es verschiedene Dimensionen zu beachten gilt. So könnte sich beispielsweise ein Engagement als nicht arbeitsmarktneutral erweisen, aber positive Wirkungen für Engagierte wie Nutzer*innen entfalten. Im Blick auf die Kriterien der Teilhabesicherung durch soziale Rechte, der Informalisierung und De-Professionalisierung von Arbeit entfaltet sich so zwischen zwei Polen ein Kontinuum mehr oder weniger problematischer Aktivitäten.

Prekäre Hilfen, labile Netze und die Hierarchien des Helfens

Tatsächlich sind Prozesse der Informalisierung und Deprofessionalisierung nicht die einzigen Probleme von Posterwerbsarbeit. Selbst wenn hier entsprechend gegengesteuert wird, ändert dies wenig daran, dass sich neue Formen des Engagements und der Rückgriff auf informelle Hilfen durch »eine (so gut wie) ›unheilbare‹ strukturelle Labilität«[202] und Unzuverlässigkeit auszeichnen, die untrennbar mit der konstitutiven Freiwilligkeit der Leistungserbringung verbunden ist. Diese Labilität manifestiert sich u.a. in der begrenzten Verlässlichkeit der Gabe freiwilliger Arbeit, die durch die zunehmende Projektförmigkeit und biografische Passungsfähigkeit des gewandelten Ehrenamts noch gesteigert wird und die insbesondere in Bezug auf die Versorgungsansprüche abhängiger und vulnerabler Nutzer*innen problematische Konsequenzen hat. Der große Vorteil *freiwilliger* Posterwerbsarbeit ist damit zugleich ein gewichtiger Nachteil, zumal wenn die Leistungen für vulnerable Gruppen wie Pflegebedürftige, Geflüchtete oder Kranke fundamentale, Teilhabe sichernde Bereiche der Infrastruktur und Daseinsvorsorge betreffen.

Lester M. Salamon hat für die Wohlfahrtsproduktion des Dritten Sektors in den USA den Begriff des »voluntary failure« geprägt, der sich auch für den deutschen Kontext als fruchtbar erweist. Demnach zeichnen sich freiwillige Dienstleistungen im Unterschied zu wohlfahrtsstaatlichen Angeboten nicht nur durch eine besondere Form der persönlicheren Zuwendung, sondern auch durch »philanthropic insufficiency«, »philantropic particularism«, »philantropic paternalism« und »philantropic amateurism« aus.[203] Damit werden Probleme der aufgrund begrenzter Ressourcen mangelnden Flächendeckung

202 Hitzler u.a., *Posttraditionale Gemeinschaften*, S. 18.
203 Salamon, »Of Market Failure, Voluntary Failure«, S. 39 ff.

von Angeboten, der partikularistischen Ausrichtung an persönlichen Präferenzen und Prioritäten der Freiwilligen, des Paternalismus karitativer Hilfe bei Ermangelung sozialer Rechte sowie der fehlenden Professionalität der Dienstleistungen problematisiert. Gerade verbindliche, langfristige, konsequent an den Bedarfen der Hilfebedürftigen ausgerichtete professionelle Unterstützung können – und wollen – die meisten Freiwilligen (oft zu Recht) nicht leisten.

Dass freiwillige Unterstützung mit Versorgungsansprüchen kollidieren kann, wird insbesondere im Feld der Sorgearbeit deutlich. Der freiwillige Charakter steht hier in einem grundsätzlichen Spannungsverhältnis zu den Verpflichtungen, an die gute, bedarfsgerechte Sorgearbeit gebunden ist. Gute Sorgearbeit unterscheidet sich konzeptuell wie praktisch von anderen personenbezogenen Diensten nämlich gerade dadurch, dass sie Personen (z. B. Kindern oder Kranken) zuteilwird, die diese Leistungen aufgrund eingeschränkter Handlungsmöglichkeiten nicht selbstständig ausführen können; gute Sorgearbeit hat sich deshalb stets und in erster Linie an den konkreten Bedürfnissen vulnerabler und sorgeabhängiger Personen zu orientieren.[204] Demgegenüber haben viele der von uns interviewten Freiwilligen neben der Freude an der Fürsorge für andere, die Handlungsfreiheit und Freiwilligkeit ihres Engagements als wesentlichen Anreiz hervorgehoben. Dabei wird durchweg positiv auf die Möglichkeit rekurriert, das Engagement jederzeit abbrechen zu können, wenn es zu stressig wird, die Freude verloren geht oder es Ärger mit Hauptamtlichen oder Hilfebedürftigen gibt. Die Freiheit der einen markiert dabei zugleich die gesteigerte Abhängigkeit der anderen, sind es doch die hilfsbedürftigen Nutzer*innen,

204 Waerness, »The Rationality of Caring«, S. 188 f.

die nicht zuverlässig auf die Verbindlichkeit einer langfristigen Unterstützung setzen können.

Neben fehlender Verbindlichkeit erweisen sich Ausschlüsse, Diskriminierungen und Limitierungen freiwilliger Hilfeleistungen im Sinne eines »philantrophic particularism«[205] als zentrales Problem.[206] Freiwillige nutzen – oft zu Recht – die in der Freiwilligkeit begründeten Spielräume, markieren damit aber nicht nur eigensinnig die Grenzen ihrer Tätigkeiten, sondern unterscheiden auch zwischen »würdigen« und »unwürdigen« Hilfebedürftigen oder vernachlässigen weniger freudvolle Aktivitäten, auf die die Nutzer*innen aber angewiesen sind. Im Blick auf rassistische Zuschreibungen, Vorstellungen kultureller Dominanz oder der Hierarchisierung von Bedürfnissen und Bedarfen, sind wir auch in unserem Sample auf Diskriminierungen gestoßen, die in dieser Offenheit »in formal organisierten Bereichen der Gesellschaft nicht mehr akzeptabel sind«.[207] So lehnen Freiwillige mitunter die Sorge für Drogenabhängige, Obdachlose, Alte oder Demenzkranke ab, weil diese Gruppen als entweder selbstverschuldet hilfsbedürftig (und damit »unwürdig«) gelten oder die Sorge für sie als zu herausfordernd oder schlicht unattraktiv eingestuft wird. Ohne Aufwandsentschädigung ist es beispielsweise erheblich viel schwerer, Freiwillige für den Umgang mit Hochaltrigen zu finden als für den Umgang mit Kindern, weshalb die Monetarisierung des Engagements gerade im Feld der Altenpflege und -hilfe besonders weit vorangeschritten ist. Diese selbstbestimmten Grenzziehungen und Hierarchisierungen des Sorgens kollidieren mit den Ansprüchen guter Sorgearbeit, die

205 Salamon, »Of Market Failure, Voluntary Failure«, S. 39.

206 Davon ist unbenommen, wie wir im Anschluss zeigen werden, dass gemeinschaftsbasierte Solidarität in sozialen Bewegungen historisch eine große Rolle darin gespielt hat, die Ausschlüsse und Partikularismen sozialstaatlicher Sicherheit offen zu legen – und zu überwinden.

207 Stalder, *Kultur der Digitalität*, S. 158.

sich den Bedürfnissen *aller* verwundbaren und sorgeabhängigen Akteure verpflichtet sieht. So beklagt sich eine von uns interviewte Ehrenamtskoordinatorin über das Wunschdenken vieler Freiwilliger, die sich problemlose, dankbare, sympathische und »pflegeleichte« Hilfebedürftige wünschen und damit gerade die sozialen Bedingungen und Ursachen der Hilfebedürftigkeit ausblenden.

Paternalismen finden sich zudem vor allem dort, wo Hierarchien und Abhängigkeitsverhältnisse zwischen Helfenden und Hilfsbedürftigen besonders ausgeprägt sind, wie zum Beispiel in der ehrenamtlichen Geflüchtetenhilfe. Die Position Geflüchteter ist hochgradig vulnerabel, haben sie doch mit einem ungesicherten Aufenthaltsstatus, abgestuften sozialen Rechten, oft traumatischen Fluchterfahrungen und Alltagsrassismus zu kämpfen. Die freiwillige Hilfe wandelt hier mitunter auf einem schmalen Grat zwischen kämpferischer Anwaltschaft und »philantropic paternalism«, wenn Freiwillige wohlmeinend die Wünsche Geflüchteter übergehen und z. B. eigene normative Vorstellungen in Bezug auf kulturelle Integration durchzusetzen versuchen. Zugleich zeigt dieses Feld in besonderer Weise die Ambivalenz freiwilliger Hilfe auf, ist diese doch immer auch eine solidarische Antwort auf exkludierendes Staatshandeln und eine oftmals rassistisch geprägte Alltagskultur.

Neben den Hierarchien des Helfens, die konstitutiv mit dem Wunsch nach Handlungsfreiheit und Selbstbestimmung im Engagement verbunden sind, wird in den geschilderten Beispielen auch der spezifische Modus sozialer Integration durch sorgende Gemeinschaftlichkeit ersichtlich, der den Austausch freiwilliger Leistungen strukturiert: Statt auf garantierten sozialen Rechten beruht dieser auf informellen Reziprozitätserwartungen im Rahmen persönlicher Abhängigkeiten und Sympathien; es ist eine Form von Gemeinschaftlichkeit, die – wie mit Roberto Esposito zuvor gezeigt – wesentlich durch Schuld gestiftet wird. Die starke altruistische Motivation vieler Freiwilliger sollte nicht darüber hinwegtäuschen, dass zumeist sehr wohl eine Gegenleistung erwartet wird, um diese Schuld zu tilgen: Wer sich freiwillig helfen lassen möchte, das unterstreichen viele der von uns Interviewten, sollte zumindest dankbar, freundlich, sympathisch und kooperativ sein. Die Ehrenamtskoordinatorin des Projekts »In guter Nachbarschaft – Sorgende Gemeinschaften« betont: »Ich sage immer, das Alter ist ein Payback. So wie ich gelebt habe. Wie sozial verträglich ich gelebt habe. Also ich muss jetzt nicht jemand, der bewusst bösartig ist, einen Ehrenamtlichen reinschicken. Das ist dann halt mal, ich würde mal sagen, persönliches Schicksal. Dafür sind wir nicht zuständig und es wird auch unsere Aufgabe sein, solche Leute auch zu erkennen. Und jeder der möchte, kann mitmachen. Aber wir nehmen nicht jeden mit. Können wir auch gar nicht.«

»Vom sanften Terror der Geborgenheit« und dem »diskreten Charme« der Sozialpolitik

So nachvollziehbar dieses Anliegen im konkreten Einzelfall ist, so sehr blendet es die strukturellen Probleme freiwilliger Hilfe aus. Verbreitet ist bis heute eine Wohlfahrtsstaatskritik, die Rainer Prätorius bereits Anfang der 1980er Jahre identifizierte, nämlich, dass »Formen der Dezentralisation, der Selbst- und Nachbarschaftshilfe in jedem Fall edel, hilfreich und gut seien, daß hingegen sichernde Großorganisationen in letzter Instanz stets inhumane Züge trügen«[208]. Hinter der sich darin artikulierenden »rücksinnenden Sehnsucht« nach der Unterstützung und Wärme »kleiner Netze« verberge sich, so Prätorius, ein »sanfter Terror der Geborgenheit«[209], dem er den »diskre-

208 Prätorius, »Vom sanften Terror der Geborgenheit«, S. 496.
209 Ebd., S. 504.

ten Charme« institutionalisierter sozialstaatlicher Leistungen gegenüberstellt. Tatsächlich ist es gerade das Verdienst historisch erkämpfter und institutionalisierter sozialer Rechte, diese vom Charakter und von der persönlichen Beziehung zu entkoppeln und die Fürsorge nicht denjenigen vorzubehalten, die über entsprechende (inner- und außerfamiliäre) soziale Kontakte verfügen, »sozial-kompatibel« sind und sich durch Wohlverhalten und Liebenswürdigkeit qualifiziert haben. Francois Ewald hat diese emanzipatorische Errungenschaft im anonymisierten Prinzip der Sozialversicherung herausgearbeitet: »Die Versicherung hat sich allmählich herausgelöst sowohl aus nachbarschaftlichen Solidaritäten, die lange Zeit mit ihr konkurrierten, als auch aus Unterstützungsvereinen auf Gegenseitigkeit. Sie hat sie rationalisiert, indem sie die unmittelbaren Beziehungen ›brüderlicher‹ Hilfe umwandelte in dauerhafte vertragsrechtliche Beziehungen. Aber auch wenn die Versicherung individualisiert, so isoliert sie doch nicht.«[210] Soziale Rechte schaffen Bedingungen, unter denen auch eine garstige Demenzkranke, die alle Freiwilligen verschreckt und keine Angehörigen hat, sozial betreut wird. Dass sorgende Gemeinschaften und Freiwillige dies nicht leisten können und/oder wollen, ist keine moralische Schwäche, an der zu arbeiten wäre, sondern das Grundprinzip der freiwilligen Gabe im Unterschied zum sozialen Recht. Zu problematisieren sind deshalb auch nicht die Freiwilligen und ihre Praxis, sondern die sozio-ökonomischen und -politischen Bedingungen, die dazu führen, dass zentrale Bereiche der Daseinsvorsorge und Infrastruktur vom Recht auf die Gabe umgestellt werden.

Institutionalisierte soziale Rechte haben nicht nur den Vorteil, dauerhaft geregelt und organisiert abgerufen werden

210 Ewald, »Die Versicherungs-Gesellschaft«, S. 387.

zu können und dadurch handlungsentlastend zu wirken. Sie sind in ihrer bürokratischen Zuweisung von Rechten »ohne Ansehen der Person« zudem hochgradig freiheitssichernd, also gerade in jener Anonymität, die von den Protagonist*innen kleiner Netze so heftig kritisiert wird: Sie lindern *idealiter* die Angst vor den Unwägbarkeiten und Krisen moderner Lebensplanung; befreien von lokalen, familiären und korporativen Zwängen und entlasten vom Druck emotionaler Übereinstimmung und Konformität. Der Wohlfahrtsstaat transformiert in diesem Sinne »›negative Individualisierung‹, also die Loslösung aus traditionalen nachbarschaftlichen, lokalen, weltanschaulichen und klassenförmigen Milieus, in ›positive Individualisierung‹ im Sinne einer Befähigung zu gemeinschafts- und familien-unabhängiger Lebensführung«[211]. So existenziell soziale Nähe und soziale Bindungen zweifellos sind, so wichtig ist es aus unserer Sicht, das Spannungsfeld von persönlicher Verbundenheit und Autonomie im Blick zu behalten, denn Autonomie ist – um es mit Adorno zu formulieren – nicht zuletzt »die Kraft zur Reflexion, zur Selbstbestimmung, zum Nicht-Mitmachen«[212]. Slavoj Žižek wiederum hat jüngst konstatiert, dass spätmoderne Gesellschaften davon profitieren, wenn soziale Nähe und das »›Einander-Verstehen‹ um die Haltung des ›Einander-aus-dem Weg-Gehens‹ ergänzt werden – um die Wahrung eines angemessenen Abstands«[213]. Institutionalisierte soziale Rechte ermöglichen einen solchen Abstand, entlasten vom Imperativ des permanenten Mitmachens und entkoppeln das Recht vom Charakter, während »Gemeinschaftsaktivierung«[214] Gefahr läuft, bestehende (familiale, religiöse, persönliche) Abhängigkeiten zu zementieren.

211 Ullrich, »Aktivierende Sozialpolitik und individuelle Autonomie«, S. 149.
212 Adorno, *Erziehung zur Mündigkeit*, S. 92.
213 Žižek, *Der neue Klassenkampf*, S. 67.
214 Ullrich, »Aktivierende Sozialpolitik und individuelle Autonomie«, S. 153.

Die Umstellung von sozialen Rechten auf freiwillige soziale Gaben birgt nicht zuletzt die Gefahr, soziale Ungleichheiten zu reifizieren, ist doch gerade das hier virulente soziale Kapital[215] hochgradig ungleich verteilt. Auch könnte »eine neue Schicht der Unterprivilegierten« entstehen: »Menschen, die entweder aus den unterschiedlichsten Kontakterschwernissen und Hemmungen es nicht schaffen, die emotionalen Brücken zu ihren Helfern zu schlagen, oder die diesen Kontakt mit all seinen Eingriffen in die persönliche Integrität als zu hohen Preis für die angebotene Hilfe erachten.«[216]

Es geht bei dieser zugespitzten Gegenüberstellung von sozialen Rechten und freiwilligen Gaben nicht darum, die spaltenden und ungleichheitsgenerierenden Effekte des Sozialstaats zu entproblematisieren oder gar zu negieren,[217] zumal es gerade diese Ausschlüsse und Kehrseiten waren und sind, die die Sehnsucht nach der Geborgenheit kleiner Netze maßgeblich genährt und Anlass für alternative Formen des Sorgens gegeben haben. Der Wohlfahrtsstaat stellt eben nicht nur eine (inkludierende, Sicherheit stiftende) Antwort auf die soziale Frage dar, sondern er prägt, sehr viel weiter gehend, die sozialen Verhältnisse, regelt und reguliert Ein- wie Ausschlüsse und diszipliniert im Modus der Verrechtlichung, Bürokratisierung und Ökonomisierung. Insofern soll nicht in Abrede gestellt werden, dass das Verhältnis von Wohlfahrtsstaat und individueller Autonomie seit jeher als ambivalent beurteilt werden kann. Wenn also Gemeinschaftsaktivist*innen den entmündigenden, normierenden und paternalistischen Charakter der Wohlfahrtsbürokratie kritisieren, haben sie zweifellos Recht. So hat erst das Aufkommen der Neuen Sozialen Bewegungen seit den 1970er Jahren dazu geführt, dass die Aus-

215 Bourdieu, *Die feinen Unterschiede.*

216 Prätorius, »Vom sanften Terror der Geborgenheit«, S. 502 f.

217 Vgl. zu diesen Kehrseiten: Lessenich, *Theorien des Sozialstaats*, S. 25 ff.

schlüsse des fordistisch-keynesianischen Wohlfahrtsstaats mit seiner Institutionalisierung von männlich dominiertem »Normalarbeitsverhältnis«, »Normalbiografie« und heterosexueller »Normalfamilie« infrage gestellt wurden. Wenn wir uns trotz dieser Historie und der verbürgten Partikularismen und Ausschlüsse staatlicher Sozialpolitik positiv auf soziale Rechte und ihre Institutionalisierung beziehen, dann deshalb, weil wir das *Prinzip* und die ihm eigene Abstraktion von moralisch aufgeladenen Sozialbeziehungen durch einen anonymen Ausgleichsmechanismus für emanzipatorisch anschlussfähig halten. Die Betonung des *Prinzips* und seiner Stärken bei gleichzeitiger Problematisierung konkreter Ausschlüsse und Probleme findet eine Parallele im Umgang mit den Prinzipien der großen französischen und amerikanischen Revolutionen. Diese waren historisch hartnäckig uneingelöst, hochgradig exklusiv angelegt und auf eine privilegierte Gruppe weißer Männer beschränkt, dienten ihrerseits aber als Grundlage für weitere – eher Jahrhunderte als Jahrzehnte währende – soziale Kämpfe und Bewegungen, die nicht *gegen* Freiheit, Gleichheit und Solidarität mobilisierten, sondern für die Überwindung ihrer exklusiven Geltung. In diesem Sinne gilt es, die Freiheits- und Sicherheitsversprechen sozialer Rechte einzulösen und zu universalisieren, statt sie zu unterlaufen und auszuhöhlen. Umgekehrt geht es uns nicht darum, freiwillige Hilfen und gemeinschaftsbasierte Fürsorge und Solidarität pauschal zu problematisieren. Wir sind aber der festen Überzeugung, dass sie ihre Stärken, ihren Eigensinn, ihr rebellisches, herrschaftskritisches und politisierendes Potenzial erst dann entfalten können, wenn sie nicht für die Aufrechterhaltung basaler Aufgaben der teilhabesichernden sozialen Daseinsvorsorge und Infrastruktur instrumentalisiert und aufgezehrt werden.

8 Warum Community-Kapitalismus?

Die diskutierten empirischen Beispiele der Posterwerbsarbeit im Bürgerschaftlichen Engagement, in der Laienpflege, der Nachbarschaftshilfe, den digitalen Netzwerken und der Prosumer-Aktivität zeigen, dass eine pauschale Charakterisierung des Gegenwartskapitalismus als grenzenlose Ökonomisierung des Sozialen zu kurz greift. Wir erleben vielmehr eine Neuausrichtung der sozialen Reproduktion, in der die Grenzen von Markt, Staat, Familie und Zivilgesellschaft mit ihren jeweiligen Steuerungslogiken neu vermessen werden, sodass nicht entlohnte Arbeit und Fürsorge – auch und besonders jenseits traditioneller Familienkonstellationen – an Bedeutung gewinnt. Natürlich sind nicht entlohnte Aktivitäten jenseits von Privathaushalten (z. B. in Gestalt des Ehrenamts) kein gänzlich neues Phänomen, und auch die steigende Erwerbsbeteiligung von Frauen wirft seit mehreren Jahrzehnten neue Fragen der Organisation von (Für-)Sorge auf. Gegenwärtig erleben wir aber, so unsere These, drei einflussreiche Dynamiken, die als Geburtshelfer einer neuen politischen und moralischen Ökonomie fungieren, die wir Community-Kapitalismus nennen: Dies ist zum Ersten die sich durch familialen, wohlfahrtsstaatlichen und demografischen Wandel zuspitzende Krise der sozialen Reproduktion. Zum Zweiten ist es die seit der Finanzkrise 2008 an Fahrt gewinnende Hegemonie- und Legitimationskrise des Neoliberalismus, der zunehmend für seine sozialen Verwerfungen kritisiert wird. Drittens schließlich ist es die digitale technologische Entwicklung, durch die nicht nur neue Vergemeinschaftungen entstehen, sondern auch die Grenzen von Arbeit und Freizeit, von Öffentlichkeit und Privatheit in neuer Weise fluide werden. So unterschiedlich die von uns analysierten Aktivitätsbereiche sind, so zeigt sich in allen Feldern eine Kombination aus Posterwerbs- und Gemeinschaftspolitik, die eine Antwort auf die multiplen Krisendynamiken der Gegenwart verspricht, indem sie Lösungen für die Reproduktionskrise mit einer legitimationsstiftenden Antwort auf die Hegemoniekrise des Neoliberalismus verbindet. In vier Schritten wollen wir unsere Diagnose plausibilisieren: Im Anschluss an die Rekapitulation der treibenden Dynamiken »Reproduktionskrise«, »Hegemoniekrise« und »Digitalisierung«, systematisieren wir die identifizierte Verzivilgesellschaftlichung der Sozialen Frage, bevor wir dann das Verständnis von Posterwerbsarbeit schärfen und ihre Trägergruppen genauer in den Blick nehmen. Im vierten Schritt begründen wir die Verdichtung dieser Entwicklungen in der Diagnose des Community-Kapitalismus und diskutieren die politische und moralische Ökonomie sowie die Klassenstruktur dieser Konstellation.

Die Treiber: Krise der sozialen Reproduktion, Hegemoniekrise des Neoliberalismus, Digitalisierung

Wie dargelegt, besteht in der einschlägigen Literatur Einigkeit dahingehend, dass der Kapitalismus der Gegenwart durch eine »Reproduktionskrise«[218] oder »Care-Krise«[219] gekennzeichnet ist, die durch die strukturell bedingte »Sorglosigkeit des Kapitalismus«[220] bedingt ist und von Dynamiken des geschlechterpolitischen, familialen, demografischen und wohlfahrtsstaatlichen Wandels befeuert wird. Es ist vielfach gezeigt worden, dass und warum das fordistische Reproduktionsregime

218 Jürgens, »Deutschland in der Reproduktionskrise«.
219 Villa, »Corona-Krise meets Care-Krise«.
220 Aulenbacher u. a., »Gelebte Sorglosigkeit?«.

an seine Grenzen geraten ist, wobei der Hauptfokus mehrheitlich auf dem wohlfahrtsstaatlichen und familialen Wandel und der zunehmenden Rationalisierung und Kommodifizierung von Care-Arbeit liegt. Von zentraler, bislang eher unterschätzter Bedeutung sind zudem die im Zuge des demografischen Wandels sowie der veränderten sozialen Ansprüche an Sorgeleistungen (z. B. hinsichtlich der Standards frühkindlicher Förderung) entstehenden neuen Bedarfe, denen – trotz der »Expansion« des Dienstleistungssektors in diesen Feldern – kein adäquates wohlfahrtsstaatliches Angebot gegenübersteht. Parallel erzeugt die Verbetriebswirtschaftlichung von bezahlter (Für-)Sorgearbeit, wie insbesondere das Beispiel der Alten- und Krankenpflege, aber auch der Sozialen Arbeit zeigt, eine Verdichtung von Arbeitsprozessen, die die Abspaltung fürsorglicher Komponenten aus der bezahlten Dienstleistungsarbeit in private und zivilgesellschaftliche Verantwortung bedingt. Diese Abspaltung wird zum Beispiel, wie im fünften Kapitel diskutiert, in die pflegepolitische Unterscheidung von Care und Cure übersetzt und zusätzlich durch den immensen Fachkräftemangel verstärkt.

Da das kapitalistische System für seine soziale Reproduktion aber konstitutiv auf systemfremde Elemente angewiesen ist, die nicht vollständig kapitalisier- und rationalisierbar sind, haben diese Entwicklungen nicht nur das Potenzial neue ausbeuterische Praktiken – z. B. durch die Globalisierung niedrig entlohnter Dienstleistungsarbeit – zu erzeugen, sondern auch die Sorgequalität und damit die Reproduktion des Systems selbst zu gefährden. In gewisser Hinsicht, so die Zuspitzung dieser Entwicklung laut Wolfgang Streeck, habe sich der neoliberale Kapitalismus mit seiner expansiven Dynamik der Kommodifizierung, der »Landnahme«[221] nicht marktförmig organi-

221 Dörre, »Die neue Landnahme«.

sierter gesellschaftlicher Bereiche, »zu Tode gesiegt«: »Gesellschaftssysteme profitieren von interner Heterogenität – von einer Pluralität von Organisationsprinzipien, die sie davor bewahrt, sich ganz und gar einem einzigen Zweck zu widmen, unter Verdrängung anderer Zwecke, die gleichfalls realisiert werden müssen, wenn die Gesellschaft überlebensfähig sein soll. Der Kapitalismus, wie wir ihn kennen, hat immer großen Nutzen aus der Präsenz von Gegenkräften gegen eine Alleinherrschaft des Profits und des Marktes gezogen.«[222] Während Streeck im Lichte dieser Diagnose fragt »Wie wird der Kapitalismus enden?«[223], glauben wir nicht, dass das System damit an sein Ende gelangt ist. Wir lenken den Blick deshalb auf die immense Wandlungsfähigkeit des Kapitalismus und die von uns identifizierten Entwicklungen, die auf die Erschließung neuer, nicht kommodifizierter Räume und neuer Trägergruppen nicht regulär entlohnter Arbeit zielen.

Die durch die Krise der sozialen Reproduktion bedingten Herausforderungen sind eingebettet in eine Hegemoniekrise des Neoliberalismus, der seit der weltweiten Finanz- und Wirtschaftskrise 2008 ff. trotz seiner fortgesetzten Dominanz an Legitimität und Durchsetzungskraft eingebüßt hat. Als 2008/2009 plötzlich Hunderte Milliarden Dollar und Euro zur Rettung privater Banken zur Verfügung standen, hat dies dazu beigetragen, dass die lange Zeit erfolgreich propagierte Alternativlosigkeit von Sparmaßnahmen im Sozialbereich, in der Bildung und Infrastruktur zunehmend – v. a. von linken Bewegungen – infrage gestellt wurde. Angesichts der sich verschärfenden sozialen Ungleichheit in allen OECD-Ländern sowie der 2008 offen zutage tretenden größten Finanz- und Wirtschaftskrise seit 1929 problematisieren aber selbst langjährige Verfechter neoliberaler Politik, wie der IWF oder die

222 Streeck, »Wie wird der Kapitalismus enden?«, S. 110 f.
223 Ebd., S. 99.

OECD, das Ausmaß der Ungleichverteilung von Einkommen und Vermögen als zunehmend bedrohlich.[224] Diese Kritik folgt dabei nicht normativen Gerechtigkeitserwägungen, sondern macht in strikt funktionaler Hinsicht den Systemerhalt stark. Mit dem Wahlsieg Donald Trumps und dem Erstarken rechter Parteien und Bewegungen wächst zudem eine Kritik von rechts, die auf eine Re-Nationalisierung der Wirtschaft und Protektionismus setzt, während sie zugleich die »progressiven« Elemente des Liberalismus (Freiheitsrechte, Minderheitenschutz und Anti-Diskriminierungsmaßnahmen) denunziert. Hier zeigt sich zugleich, dass »mächtige Gegenbewegungen als Reaktion auf die neoliberale Dystopie«[225] nicht automatisch emanzipatorisch sind.

Dass die Legitimationskrise des Neoliberalismus nicht notwendig mit dem Ende seiner Dominanz einhergeht, hat zur Popularität der Diagnose eines »strange non-death of neoliberalism«[226] beigetragen, wobei diese Lesart mit der Gefahr verbunden ist, mögliche Veränderungen neoliberaler Rationalitäten und Technologien zu unterschätzen. Instruktiv sind diesbezüglich die Arbeiten des australischen Soziologen Mitchel Dean, der im Nachgang der Krisen seit 2008 einen Wandel vom triumphalen zum katastrophischen Neoliberalismus identifiziert, der aus unserer Sicht den Ausgangspunkt für den Aufstieg der als Community-Kapitalismus beschriebenen Konstellation bildet. Angesichts der Dominanz von Austeritätspolitik und Sozialabbau konstatiert Dean: » Der Neoliberalismus ist nun bereit, seine Annahme eines wirtschaftlichen Gleichgewichts und seine triumphalistischen Erzählungen über die wohlfahrtssteigernden Eigenschaften des allwissenden Marktes abzulegen und einfach nach zeitgemäßen Wegen

224 Z. B. OECD, *In It Together*.
225 Rendueles, »Globale Regression«, S. 236.
226 Crouch, *The Strange Non-death of Neoliberalism*.

zu suchen, um Individuen, Gemeinschaften, Systeme und Organisationen für die Unbilden der kommenden Katastrophe fit zu machen.«[227] Die Gemeinschaft, so unsere These, wird nun zur zentralen Ressource, Zielgröße und Steuerungstechnologie unter den katastrophischen Bedingungen der multiplen ökonomischen, sozialen und ökologischen Krisen.

Neben der Funktions- und Legitimationskrise des Neoliberalismus bestimmt auch die Digitalisierung – der dritte Treiber – maßgeblich die politische und moralische Ökonomie des Neoliberalismus. Wir haben gezeigt, wie eng die Entwicklung digitaler Plattformen mit Prozessen des Community-Building einhergeht, wie insbesondere die Ausbeutung von alltäglichen Lebensäußerungen und freiwilliger Umsonstarbeit über symbolische Gratifikationen mit Gemeinschaftsbezug »angereizt« werden oder wie analoge Gemeinschaften eine Re-Organisation durch digitale Tools erfahren. Auf das Engste miteinander verwoben, ebnen die beschriebenen Reproduktions- und Hegemoniekrisen des neoliberalen Gegenwartskapitalismus unter digitalisierten Bedingungen den Weg für eine Verzivilgesellschaftlichung der sozialen Frage.

Die Dynamik: Die Verzivilgesellschaftlichung der Sozialen Frage

Unter Zivilgesellschaft wird gemeinhin »die plurale Gesamtheit der öffentlichen Assoziationen, Vereinigungen und Zusammenkünfte verstanden, die auf dem freiwilligen Zusammenhandeln der Bürger und Bürgerinnen beruhen«.[228] Als normatives Konzept richtet sich die Idee der Zivilgesellschaft gegen desintegrative Tendenzen der Individualisierung und »Durchstaatlichung« und grenzt sich sowohl in der einflussreichen Tradition von Jürgen Habermas als auch in der Tra-

227 Dean, »Rethinking Neoliberalism« S. 161; eigene Übersetzung.
228 Adloff, *Zivilgesellschaft*, S. 8.

ditionslinie Antonio Gramscis gegen ein Primat des Ökonomischen ab. Freie nichtstaatliche und nichtkapitalistische Assoziationen (wie zum Beispiel Vereine, Genossenschaften, Nachbarschaftsinitiativen) stehen damit im Zentrum des Interesses, die Akzentsetzungen sind jedoch unterschiedlich und abhängig davon, ob das Konzept liberal oder kommunitaristisch, radikaldemokratisch oder hegemonietheoretisch erschlossen wird, wobei – wie dargelegt – seit den 1990er Jahren eine Zusammenführung liberaler und kommunitaristischer Denktraditionen zu beobachten ist.

Die Verzivilgesellschaftlichung der sozialen Frage operiert, wie wir am Beispiel der Freiwilligenarbeit und des Pflegeengagements gezeigt haben, mit zwei Ansatzpunkten: einmal im Sinne einer Verschiebung bzw. Neuakzentuierung der gesellschaftlichen Sektoren, d.h. der Auslagerung von Aufgaben, die vorher entweder in der Familie, in staatlicher/kommunaler Verantwortung oder durch den Markt organisiert waren, in die Zivilgesellschaft. Zum anderen zielt die Verzivilgesellschaftlichung als »›Fitnesstraining‹ der Zivilgesellschaft«[229] auf die Responsibilisierung und Aktivierung der Bürger*innen durch symbolische Würdigung, materielle Förderung und staatliches Unterlassen. Es findet damit ein doppelter – sektor- wie subjektorientierter – Zugriff auf zivilgesellschaftliche Ressourcen statt, zum einen durch die Stärkung des sogenannten Dritten Sektors, zum anderen durch die Re-Adressierung der Subjekte im Sinne einer neuen Verantwortungsteilung zwischen Staat und Bürger*innen. Dieser Zugriff auf die Zivilgesellschaft geht dabei in auffälliger Weise mit der De-Thematisierung ihrer politischen Dimension einher, was wesentlich darin begründet liegt, dass die Idee der (staatlicherseits zu nutzenden) Ressource und das Konzept der Zivilgesellschaft

229 Kocyba, »Aktivierung«, S. 20.

als Ort der Politisierung und des zivilgesellschaftlichen, gegenkulturellen Eigensinns in einem Spannungsverhältnis zueinander stehen.

Die Abspaltung des Politischen schreibt dabei zugleich ein wesentliches Moment des Neoliberalismus fort, der gerade darauf zielt(e), Bürger*innen nicht primär als Subjekte mit politischen und sozialen Rechten, sondern als ökonomische Akteure und Humankapital zu adressieren, wobei es nun verstärkt auch um das Sozialkapital der Gemeinschaft geht.[230] In einer empirischen Studie zum Zusammenspiel von gesellschaftlichem Diskurs und staatlicher Engagementpolitik rekonstruiert Daniela Neumann, wie die Entwicklung hin zu zivilgesellschaftlichem Engagement als Ressource mit dem Bedeutungsverlust der »demokratische[n], Protest- und Kritikfunktion«[231] des Engagements einhergeht; oder wie es Newman und Clarke auf den Punkt gebracht haben: Es geht zunehmend um »community activity without community activism«.[232] Die Verzivilgesellschaftlichung der Sozialen Frage kann mit Nina Elisasoph als Entpolitisierung von Posterwerbsarbeit gelesen werden, indem »caring about people« – im Sinne gemeinschaftlicher Fürsorge – von »caring about politics« im Sinne der Kritik und Gestaltung gesellschaftlicher Verhältnisse getrennt wird.[233] Exemplarisch lässt sich dies am Beispiel der ehrenamtlichen Geflüchtetenhilfe seit 2015 zeigen: Während Engagierte, die Geflüchtete mit Nahrungsmitteln und Schlafplätzen versorgen oder medizinische Hilfe und Übersetzungsdienste organisieren, mit Würdigungen und Preisen geradezu überschüttet werden, ist parallel die zunehmende

230 Der Begriff des Sozialkapitals geht in dieser Diktion auf Robert Putnam zurück und zielt auf den ökonomischen und sozialen Wert bürgerschaftlichen Engagements. Vgl. Putnam, *Bowling Alone.*

231 Neumann, *Das Ehrenamt nutzen*, S. 442.

232 Newman/Clarke, *Publics, Politics and Power*, S. 48.

233 Eliasoph, *The Politics of Volunteering*, S. 63.

Kriminalisierung von politischen Aktivitäten gegen Abschiebungen wie auch der zivilgesellschaftlichen Seenotrettung zu beobachten.

In dieser entpolitisierenden Verzivilgesellschaftlichung der sozialen Frage oszilliert Gemeinschaft als Anwesend-Abwesendes, da zugleich ihre Stärken beschworen wie ihr Verlust in der spätmodernen Gesellschaft beklagt wird und sie als Bezugsgröße auffällig unterbestimmt bleibt. Die Zivilgesellschaft wird in diesem Sinne sowohl als (H)Ort der Gemeinschaft(en) identifiziert, deren vorhandene Potenziale es stärker zu nutzen gelte, wie auch als (H)Ort der – noch ausstehenden – Gemeinschaftsbildung und damit als Akteur der Hervorbringung der avisierten Ressource. In beiden Fällen greift die positive Aufladung von Gemeinschaft und die Sakralisierung von Engagierten im Kontrast zur entfremdeten Gesellschaft und der Kälte politischer Rationalität: »In unserer gemeinsamen Vorstellung ist der Freiwillige wohlig warm, während der Aktivist entweder zu kühl intellektuell oder zu heißblütig agiert. In unserer gemeinsamen Vorstellung liest der nette, angenehme Freiwillige Vorschulkindern vor, während der Aktivist Streikposten aufstellt und schreit.«[234]

Der Gegenstand: Posterwerbsarbeit

Vor mehr als 40 Jahren hat der französische Philosoph und Psychoanalytiker Félix Guattari hellsichtig die Expansion »kapitalistischer Unternehmung« in alle gesellschaftlichen Sphären beschrieben: »Die Begriffe des kapitalistischen Unternehmens und der Arbeitsplätze sind von der Gesamtheit des sozialen Stoffs nicht mehr zu trennen, der sich selbst direkt unter der Kontrolle des Kapitals produziert und reproduziert. Das Konzept der kapitalistischen Unternehmung muss derge-

234 Ebd., S. 43; eigene Übersetzung.

stalt erweitert werden, dass es gemeinschaftliche und staatliche Institutionen, Medienapparate sowie die Mehrzahl unbezahlter Aktivitäten enthält. Man könnte sagen, die Hausfrau hat einen Job in der Schule, der Konsument im Supermarkt und die Fernsehzuschauer vor ihren Bildschirmen.«[235] Unser Konzept der Posterwerbsarbeit setzt hier an, greift die feministische Kritik an der Engführung von Arbeit auf entlohnte Erwerbsarbeit auf, weitet zugleich die Perspektive über die häusliche Care-Arbeit hinaus und bezieht Ideen aus der Debatte um immaterielle Arbeit mit ein, die im Rekurs auf die Gesellschaft als soziale Fabrik auch solche (v.a. reproduktiven und sozialen) Tätigkeiten als »Free Labor«[236] in den Blick nimmt, die üblicherweise nicht als Arbeit gelten. Wenn wir zudem die am Beispiel des Prosuming in der digitalen Ökonomie diskutierten, fließender werdenden Grenzen zwischen Produktion und Konsum berücksichtigen, erlaubt uns diese Perspektivenvielfalt eine große Bandbreite von nicht regulär entlohnter Arbeit zu analysieren, die von zentraler Bedeutung für den Prozess der Kapitalakkumulation ist – sei es durch die Externalisierung von Kosten für die soziale Reproduktion, die Ausbeutung unbezahlter oder aufwandsentschädigter Arbeit oder die Aneignung von Daten, die durch User-Aktivitäten erzeugt werden. Nicht zuletzt haben wir gezeigt, dass der Fokus auf Posterwerbsarbeit auch die in ihrem Umfang bedeutsame, gleichwohl nur schwer zu bestimmende, unbezahlte Mehrarbeit von Erwerbstätigen umfasst.

Anders als die in der englischsprachigen Debatte einflussreichen Analysen zu *post-work* und *anti-work politics*[237], die die Befreiung von der Lohnarbeit in einer (zukünftigen) Postlohnarbeitsgesellschaft zum Thema haben, fragen wir nach Post-

235 Guattari, zit. n. Daum, *Das Kapital sind wir*, S. 239.
236 Terranova, »Free Labor«.
237 Weeks, *The Problem With Work*.

erwerbsarbeit und ihren Implikationen für die Prekarität, Professionalität und Ausbeutung von Arbeit im Gegenwartskapitalismus. Das Präfix »Post« sensibilisiert dafür, dass es weder um ein sequenzielles Aufeinanderfolgen noch um eine eindeutige Abgrenzung zwischen regulär entlohnter Arbeit und Posterwerbsarbeit geht, und schon gar nicht um die Behauptung einer Überwindung von Erwerbsarbeit, sondern um vielgestaltige und oft auch fließende Übergänge, die durch parallele Prozesse der Flexibilisierung, Prekarisierung und Subjektivierung von Lohnarbeit verstärkt werden. Biografisch betrachtet ist zudem zu vermuten, dass Individuen in geschlechts-, alters- und klassenspezifisch geprägten Konstellationen aus unterschiedlichen Arbeitstätigkeiten eingebunden sind. Stefanie Graefe und Silke van Dyk sprechen diesbezüglich von *Mixed-Activity-Portfolios* in einer *Mixed-Activity-Economy*, die sie empirisch unter besonderer Berücksichtigung der digitalisierten Ökonomie untersuchen.[238] Anregend ist in diesem Zusammenhang auch das Konzept der »Mischarbeit«[239], das das Zusammenspiel von Erwerbsarbeit, Versorgungsarbeit (Selbstversorgung und Sorgearbeit im eigenen Haushalt), Gemeinschaftsarbeit (unentgeltlich, für andere außerhalb des eigenen Haushalts) und Eigenarbeit adressiert. Mischarbeit bezeichnet »die Gleichzeitigkeit unterschiedlicher gesellschaftlicher Arbeiten der oder des Einzelnen, die Vielfalt der alltäglichen individuellen Kombinationen dieser Arbeiten und die Veränderung der Kombinationen in biografischer Perspektive«[240]. Was die Analyse dieser vielschichtigen Konstellationen betrifft, erweist sich schließlich die verbreitete Gleichsetzung von »nicht entlohnter« und »freiwilliger« Arbeit als problematisch, da sie den Blick auf die sozialen, ökonomischen, klassenspezifischen und politischen

238 Zu diesem Forschungsprojekt vgl. Fußnote 166.
239 Brandl/Hildebrandt, *Zukunft der Arbeit und soziale Nachhaltigkeit*, S. 103 f.
240 Ebd., S. 104.

Verhältnisse verstellt, die entscheidend dafür sind, ob und unter welchen Bedingungen Menschen ohne reguläre Entlohnung arbeiten wollen, müssen und/oder sollen. Neben der Ent-Politisierung der Posterwerbsarbeit stellt so auch ihre Ent-Ökonomisierung – das heißt, die Aberkennung des Arbeitscharakters durch die Übersetzung von Arbeit in Hilfe, Freizeit, Engagement, Liebe oder Gemeinsinn – eine zentrale Ermöglichungsbedingung für die Verzivilgesellschaftlichung der sozialen Frage dar.

Das Who's Who der Posterwerbsarbeit: Zielgruppen der Aktivierung im Community-Kapitalismus

Während die Geschlechtsspezifik der Arbeitsteilung – v.a. im Haushalt und auf dem Arbeitsmarkt – hervorragend ausgeleuchtet ist, werden in der Krise sozialer Reproduktion weitere Personengruppen und Aktivitätsfelder bedeutsam, die bislang zu wenig erforscht sind und die die Klassen- und Altersspezifik der Posterwerbsarbeit sowie die Ausbeutung verflüssigter Grenzen von Arbeit und Freizeit offenbaren. Wir haben gezeigt, dass und wie Langzeitarbeitslose, prekäre Hausfrauen, Mini-Jobber*innen und arme Rentner*innen zur neuen Zielgruppe der Engagement- und Pflegepolitik werden. Das bedeutet allerdings nicht, dass Freiwilligenarbeit aktuell von sozial schwachen Bevölkerungsgruppen dominiert wird, im Gegenteil: Studien wie der Freiwilligensurvey zeigen, dass diese in ihrer Breite weiterhin eindeutig mittelschichtsdominiert sind und dass sich Erwerbstätige und Auszubildende zu deutlich höheren Anteilen engagieren als Nichterwerbstätige.[241] Wir beobachten aber, dass hier genau deshalb ein nicht ausgeschöpftes Engagementpotenzial identifiziert wird: Die Prekarität bislang engagementferner Zielgruppen wird gezielt

241 BMFSFJ, *Freiwilliges Engagement in Deutschland*, S. 18 f.

als Hebel genutzt, Freiwilligenarbeit über monetäre Anreize verbindlich für die Bearbeitung der strukturellen Unzuverlässigkeit und »Labilität‹ freiwilliger Aktivitäten zu nutzen.[242] So wird beispielsweise der Bundesfreiwilligendienst Ü27 älteren Menschen »mit geringem Renteneinkommen« als »besonderes Format der Zuverdienstmöglichkeit«[243] nahegelegt. In den neuen Bundesländern sind fast Dreiviertel derjenigen Teilnehmer*innen, die älter als 27 Jahre sind, ALG-II-Bezieher*innen.[244] Der Freiwilligendienst wird hier zur Ersatzarbeit für sozial prekäre Bevölkerungsschichten. Obwohl die Aufwandsentschädigungen niedrig sind und zumeist deutlich unter dem Mindestlohn liegen, stellen sie in vielen armen Haushalten einen substanziellen Beitrag zum Haushaltseinkommen dar. Bei den Tafeln oder in den vom Bund geförderten Mehrgenerationenhäusern erweisen sich zudem die institutionellen und individuellen Übergänge von zivilgesellschaftlichem Engagement und Maßnahmen des zweiten Arbeitsmarktes als fließend, nicht zuletzt auch in Ermangelung arbeitsmarktpolitischer Angebote in strukturschwachen Regionen – hier stellt sich die Frage der Freiwilligkeit der »Freiwilligenarbeit« für Langzeitarbeitslose in besonderer Weise.

Wir erleben vor diesem Hintergrund eine klassenspezifische Ausdifferenzierung der Bandbreite von Engagement und Freiwilligenarbeit: Während für die verdienstlichten, monetarisierten und erwerbsarbeitsnahen Segmente (zum Beispiel im Pflegeehrenamt, im Engagement bei der Tafel oder im Bundesfreiwilligendienst) die genannten neuen Zielgruppen zu erschließen gesucht werden, bleiben freizeit- und politiknähere Bereiche (wie die Mitarbeit im Seniorenbeirat oder Vereins-

242 Z. B. Deutscher Bundestag, *Bundestagsdebatte 220. Sitzung*, S. 27347l.
243 BaS, »Dreht sich alles nur noch ums Geld?« S. 2.
244 Beller/Haß, »Experiment Altersöffnung«, S. 58 f.

vorstand) mittelschichtsdominiert.[245] Brisant ist diese sich herauskristallisierende Klassenspezifik nicht nur, weil die Verwundbarkeit prekärer Bevölkerungsgruppen gezielt für die Bearbeitung der Reproduktionskrise genutzt wird. Hinzu kommt, dass parallel im Bereich der politischen Partizipation eine deutliche zahlenmäßige Dominanz der materiell und kulturell Privilegierten zu konstatieren ist – bei der Wahlbeteiligung und der Mitarbeit in Parteien ebenso wie in alternativen politischen Beteiligungsformaten.[246] Diese Entwicklungen weitergedacht, stellt sich die Frage, ob wir Zeug*innen einer zunehmenden klassenspezifischen Spaltung der Zivilgesellschaft in Sorgende und Gestaltende werden.

Neben der bis heute ausgeprägten Geschlechtsspezifik der Arbeitsteilung weist die Aktivierung von Posterwerbsarbeit aber nicht nur diese Klassenspezifik, sondern auch eine Altersspezifik auf. Monetarisierte Formen des Engagements werden nicht nur für alle, die von Altersarmut betroffen sind, zu einem notwendigen »Zubrot«; wir erleben, weitergehender noch, eine grundsätzliche Neuverhandlung des Alters in der Aktivgesellschaft.[247] Der Konsens über die Rente als Lohn für (vergangene) Lebensleistung wird zunehmend aufgebrochen, womit die freie Zeit und die Potenziale der Ruheständler*innen als in der Gegenwart zu erschließende Ressourcen ins Blickfeld rücken: Es sei an der Zeit – so die Devise-, »das Versorgungs-

245 Ähnliche Grenzziehungen nehmen auch von uns interviewte Freiwillige vor, die ihr eigenes Engagement im Bereich des Sports, der Freizeitangebote oder der Kirchengemeinde klar vom Engagement in der Pflege und Altenhilfe unterscheiden. Eine Engagierte im Sozialcafé eines Gesundheitszentrums spricht in Bezug auf das Engagement im Pflegeheim, das sie aus eigenen Erfahrungen kennt, von »offiziellen Ehrenamtlichen«, die »ja auch was Bestimmtes tun sollen«, während ihr Engagement vollkommen selbstbestimmt sei.

246 Schäfer/Schwander, »Don't Play if You Can't Win«.

247 van Dyk/Lessenich, »Ambivalenzen der (De-)Aktivierung«.

paradigma zugunsten eines Aufforderungsparadigmas zu überwinden«.[248] Was das erwerbsentpflichtete Nacherwerbsleben betrifft, haben wir es mit einem Wandel der konkreten Subsumptionsweise des Ruhestands unter die Sphäre gesellschaftlicher Arbeit zu tun: vom Ausschließungsverhältnis (im Sinne der Versorgung ökonomisch funktionsloser Schichten) hin zum Nutzungsverhältnis, das der Organisation gesellschaftlicher Reproduktion dient. Die adressierten Älteren werden dabei zum positiven Anderen der kapitalistischen Leistungsgesellschaft stilisiert, weniger kompetitiv, loyaler, wärmer, auf Ausgleich bedacht, menschlicher.[249] Das Lob ist einer Aufwertungsrhetorik vergleichbar, wie wir sie historisch aus der Würdigung von Frauen kennen, denen – angeblich unverdorben von der rationalisierten kapitalistischen Leistungsgesellschaft – eine größere Nähe zum Körper, zu Emotionen und zur Natur zugeschrieben wird. Die so gewürdigten Alten werden damit zur neuen, an Zeitressourcen reichen Zielgruppe, zum sozialen Ersatz für die schwindenden Hausfrauen, die häufig auch außerhalb des Hauses sozial engagiert waren.[250]

Die Regierung der Posterwerbsarbeit erweist sich damit auch als gezielter Zugriff auf die Ressource »Zeit« jenseits der Erwerbsarbeit. Chronologisch und lebensphasenspezifisch ist diese Zeit im Ruhestand institutionalisiert, synchron und alltagsbezogen konstatieren wir parallel zudem einen wachsenden Zugriff auf die Freizeit in der Phase der Erwerbsarbeit. Wie wir am Beispiel der Prosumer-Aktivitäten gezeigt haben, arbeiten Konsument*innen und User*innen auf digitalen Plattformen und in Online-Netzwerken gratis an der produktiven

248 Naegele, »Handlungsfelder einer zukunftsgerichteten Alterssozialpolitik«, S. 22.

249 Z. B. Cuddy u. a., »This Old Stereotype«; Denninger u. a., *Leben im Ruhestand*, S. 194 ff.

250 van Dyk, »Rethinking Community«.

Entwicklung, Verbesserung und Evaluierung von Dienstleistungen und Angeboten mit, die profitorientiert betrieben werden. Die Bewertung von Restaurants und Hotels, das Testen von Spielen, die Rezension von Büchern, die Weiterentwicklung von Navigations-Apps oder die Verbesserung von digitalen Tools durch Nutzer*innen ersetzt professionelle und entlohnte Fachkräfte, wird aber zumeist ent-ökonomisiert und als Freizeitaktivität adressiert, gerahmt und auch empfunden. Selbst die Arbeit von Clickworkern auf der Plattform *Amazon Mechanical Turk*, die aufwandsentschädigt kleine, kurzfristige Arbeiten übernehmen (*Micro Tasks*), wird von knapp 30 Prozent der Befragten als »bezahlte Freizeit« verstanden.[251]

Entscheidend ist nun, dass Posterwerbsarbeit nicht nur billige Arbeit oder Gratisarbeit ist, sondern dass mit ihr zugleich eine neue Erzählung über den Kapitalismus der Gegenwart verbunden ist, die an gesellschaftlich verankerte Vorstellungen und Praktiken von Gemeinschaft(lichkeit) und Kooperation anknüpfen kann. Erst in der Verknüpfung von Posterwerbs- und Gemeinschaftspolitik kommt die Konstellation zum Tragen, die wir Community-Kapitalismus nennen und die sich durch die doppelte Ausbeutung von Verwundbarkeit und Verbundenheit auszeichnet.

Die Diagnose: Zur politischen und moralischen Ökonomie des Community-Kapitalismus

Der Community-Kapitalismus stellt einen »Rettungsversuch« dar, der im Sinne Karl Polanyis als Gegenbewegung auf eine (Wieder-)Einbettung der krisengeschüttelten, deregulierten Marktökonomie zielt. Solche Gegenbewegungen können, wie Polanyi am Beispiel der Zwischenkriegszeit des frühen 20. Jahrhunderts gezeigt hat, sowohl totalitäre und autoritäre als auch

251 https://www.cloudresearch.com/resources/blog/trends-of-mturk-workers/ [1. 7. 2021].

Demokratie und soziale Teilhabe stärkende postliberale Projekte sein, die mit ihren je eigenen Mitteln neue Marktschranken installieren. Im Anschluss an Polanyi konstatiert der spanische Soziologe César Rendueles für die aktuelle Situation: »Die historische Alternative, vor der wir heute stehen, ist [...] nicht die zwischen dem freien Markt und der kollektiven Intervention. Wir können nur zwischen verschiedenen Arten der politischen Vermittlung wählen; zwischen unterschiedlichen ›Gegenbewegungen‹, die entstehen, um die lebensbedrohlichen Wirkungen des Kapitalismus zu beschränken.«[252] Es ist der Community-Kapitalismus, der eine Antwort auf die Funktions- wie Legitimationskrise des Neoliberalismus bietet und das Potenzial hat, unterschiedliche Gegenbewegungen in sich zu vereinen.

Die Reproduktionsstrategie des Community-Kapitalismus beruht auf der doppelten, direkten und indirekten Ausbeutung von Posterwerbsarbeit, die auf das grundsätzliche Dilemma von Care-Arbeit antwortet, zugleich unverzichtbar und begrenzt profitabel zu sein. Wir sprechen in diesem Zusammenhang von Ausbeutung, da sich nur mit dem Ausbeutungsbegriff soziale Beziehungen kennzeichnen lassen, »bei der sich Akteure einseitig Vorteile durch die Nutzung des Arbeitsvermögens anderer Akteure verschaffen«[253]. Die direkte Ausbeutung zielt auf Profit, die indirekte Ausbeutung auf Kostenminimierung. Direkte Ausbeutung im Sinne der Nutzung von (unbezahlter oder niedrig aufwandsentschädigter) Arbeit zum Zweck der Profitgenerierung findet sich – wie gezeigt – im Bereich des Prosuming auf kommerziellen Plattformen, im Rahmen der unbezahlten Mehrarbeit in der Erwerbsarbeit sowie in allen Versuchen, unmittelbar Profit mit Posterwerbsarbeit zu erzielen. Letztere Dynamik des »commodifying commu-

252 Rendueles, »Globale Regression«, S. 236 f.

253 Haubner, *Die Ausbeutung der sorgenden Gemeinschaft*, S. 217.

nity«[254] spielt im deutschsprachigen Raum eine (noch?) untergeordnete Rolle, während britische und US-amerikanische Regierungen diskursiv wie materiell einen Prozess angestoßen haben, Communitys als »untapped areas for potential investment«[255] zu erschließen. Entscheidend im sozialpolitischen Feld in Deutschland ist vielmehr die indirekte Ausbeutung von Posterwerbsarbeit im Modus der Externalisierung von Aufgaben und Kosten, die jenseits privatwirtschaftlicher Gewinnerwirtschaftung darauf zielt, Reproduktionskosten niedrig zu halten.[256] Es ist eine Form der Ausbeutung, die einerseits ökonomische Handlungsspielräume aus der Verwundbarkeit bestimmter Akteure zieht – wir haben dies am Beispiel von Langzeitarbeitslosen, prekär Beschäftigten und armen Rentner*innen gezeigt –, und andererseits alltägliche Kooperation und Verbundenheit gezielt zu nutzen weiß, wodurch die Indienstnahme freier Zeit jenseits der Erwerbsarbeit gelingt. Die moralische Ökonomie des Community-Kapitalismus greift dabei auf eine fest verankerte, emotional aufgeladene und zugleich ent-ökonomisierende Rahmung unbezahlter Arbeit in ihren unterschiedlichen Facetten zurück. Sie bedient sich der Sakralisierung von Engagierten und Helfenden sowie der langen, in Kapitel 3 diskutierten, Tradition von Gemeinschaftsaffirmation als Kapitalismuskritik, die in ihrem Zusammenspiel dazu beitragen, die arbeitsmarkt- und sozialpolitischen Kehrseiten des Community-Kapitalismus zu de-thematisieren: Die zuvor dargelegten Prozesse der Informalisierung von Arbeit, der Deprofessionalisierung sozialer Dienstleistungen, des Paternalismus und der Hierarchien des Helfens sowie der Unterminierung sozialer Rechte

254 Emejulu, *Community Development as Micropolitics*, S. 115 ff.

255 https://clintonwhitehouse4.archives.gov/WH/Work/051199.html [1. 7. 2021].

256 Haubner, »The Exploitation of Caring Communities«.

bleiben deshalb in ihrer Reichweite untererforscht und unverstanden. Die politische und moralische Ökonomie des Community-Kapitalismus ist nicht zuletzt eine klassenpolitische Ökonomie, die nicht nur in der Reproduktionsstrategie der doppelten Ausbeutung wurzelt, sondern auch in dem damit einhergehenden Strukturwandel des Wohlfahrtsstaats, der nicht alle Bürger*innen gleichermaßen trifft. Angewiesen auf die neue Gabenökonomie des Community-Kapitalismus sind vor allem jene, denen es an Ressourcen mangelt, um die staatlichen Versorgungslücken (etwa in der Altenpflege oder der Kinderbetreuung) über einen privaten Zukauf an professionellen Dienstleistungen zu kompensieren.

Da im Zusammenspiel von politischer und moralischer Ökonomie die Reproduktionsbedingungen des Systems grundlegend neu verhandelt werden, ist der Community-Kapitalismus, so unsere Diagnose, eine Formation neuer Qualität – und damit weit mehr als nur ein »neoliberalism with a community face«[257]. Damit meinen wir allerdings nicht, dass es sich zum gegenwärtigen Zeitpunkt bereits um eine postneoliberale Formation handelt, noch postulieren wir die Zukunft einer reinen Gemeinschaftsökonomie – genauso wenig wie der neoliberale Kapitalismus je eine reine Marktökonomie war. Seiner Hegemoniekrise zum Trotz sind Prozesse der Neoliberalisisierung durch die Übertragung privatwirtschaftlicher Handlungslogiken auf nichtökonomische Sphären und Institutionen weiterhin in vielen Feldern dominant, neue Sozialpolitiken zielen oft auf eine Kombination aus Vermarktlichung und Vergemeinschaftung ab, und wir erleben die expansive Dynamik von »Landnahmen«[258] und Akkumulation durch »Enteignung«[259] im globalen Maßstab. Ideengeschichtlich wie

257 MacLeod/Emejulu, »Neoliberalism with a Community Face?« S. 430.
258 Dörre, »Die neue Landnahme«.
259 Harvey, *Der neue Imperialismus*.

politisch hat sich zudem gezeigt, dass (Neo-)Liberalismus und Kommunitarismus in der Neuverhandlung der sozialen Frage ein – im wahrsten Sinne des Wortes – (re-)produktives Bündnis eingegangen sind. Auch die starke Rolle des (aktivierenden/instrumentalisierenden) Staates im Community-Kapitalismus spricht nicht gegen einen – gleichwohl substanziell – modifizierten Neoliberalismus, wie Michel Foucault in seinen Arbeiten zur neoliberalen Gouvernementalität herausgearbeitet hat: »Der Neoliberalismus stellt sich also nicht unter das Zeichen des Laisser-faire, sondern im Gegenteil unter das Zeichen einer Wachsamkeit, einer Aktivität, einer permanenten Intervention.«[260] Was wir derzeit beobachten, ist ein Wandel der von Foucault beschriebenen neoliberalen Regierungskunst dahingehend, dass weniger die Autonomie und Individualität als die Verbundenheit und Interdependenz von Subjekten adressiert wird.

260 Foucault, *Die Geburt der Biopolitik*, S. 188.

9 Ist der Community-Kapitalismus ein hegemoniefähiges Projekt?

Wir denken, dass die Kombination aus Posterwerbs- und Gemeinschaftspolitik hegemoniales Potenzial hat, denn sie ist mehr als nur Krisenstrategie des katastrophischen Neoliberalismus. Sie erweist sich darüber hinaus als anschlussfähig für ein breites Spektrum an Akteuren sehr unterschiedlicher politischer Couleur, was eine sukzessive Verankerung des damit verbundenen Reproduktionsmodells vorantreiben dürfte. Gerade der Gemeinschaftsbezug ist durch seine alltagsnahe, positive Aufladung, seine begrifflich-konzeptuelle Unbestimmtheit sowie durch die dreifache Abgrenzung gegen Markt, Staat und Familie für höchst unterschiedliche politische Lager attraktiv.

Für das Verständnis des Aufstiegs des Community-Kapitalismus sind spiegelbildliche Analysen zum Aufstieg des Neoliberalismus in den 1970er und 1980er Jahren hilfreich: Diese zeigen, dass der Neoliberalismus nicht nur als ökonomische Rationalität »von oben« durchgesetzt wurde, sondern dass er seinen Erfolg auch dem Umstand zu verdanken hatte, dass das starre lebensweltliche Korsett des fordistischen Kapitalismus den Autonomiebestrebungen und Entfaltungswünschen vieler Menschen zuwiderlief.[261] Luc Boltanski und Ève Chiapello gehen noch einen Schritt weiter und arbeiten heraus,[262] dass und wie zentrale Kritikpunkte sozialer Bewegungen aufgegriffen wurden, um gleichermaßen die ökonomische Krise wie die Legitimationskrise des fordistischen Kapitalismus zu bearbei-

261 Chamayou, *Die unregierbare Gesellschaft*, S. 345.
262 Boltanski/Chiapello, *Der neue Geist des Kapitalismus*.

ten. Betriebliche »Kommandostrukturen« wurden durch Netzwerklogik, Flexibilisierung und Outputsteuerung ersetzt; es entstand eine neue gesellschaftliche Rechtfertigungsordnung, die um den Maßstab der Autonomie zentriert ist.[263] Nun steht der Gegenwartskapitalismus vor einer neuerlichen doppelten Funktions- und Legitimationskrise, auf die ein »Mehr« an Individualität und Autonomie, an Ökonomisierung und Flexibilisierung keine adäquate Antwort mehr zu bieten scheint: Die mit Polanyi als Gegenbewegung gefasste Entwicklung des *community turn* zielt auch auf der Ebene der Subjekte auf ihre (gemeinschaftliche) Wiedereinbettung, die auf ein reales Begehren nach Verbundenheit und Solidarität nach jahrelanger Konjunktur eines Hyper-Individualismus antwortet. Das Regieren durch Community reizt etwas an, das vielen Menschen im Alltag wichtig ist, was eine Sehnsucht nach Geborgenheit stillt und ein aktives »Mittun« befördert, ohne dass damit eine dezidierte Bejahung der gesellschaftlichen Neuverhandlung des Sozialen als fürsorgliche Gemeinschaft verbunden sein muss.

In einer dreischrittigen Analyse werfen wir im Folgenden zunächst einen Blick auf diesen »alltäglichen« Beitrag zum Community-Kapitalismus, um dann im Lichte der Hegemoniekrise des Neoliberalismus Anschlussstellen des Community-Kapitalismus für linke/progressive und rechte/rechtsextreme Kräfte auszuloten. Dass wir linke wie rechte Akteure und Bewegungen analytisch in den Blick nehmen, ist – wie darzulegen sein wird – in keiner Weise als (normative) Gleichsetzung oder als Anklang an die sogenannte »Hufeisentheorie« gedacht, mit der linke und rechte Ränder kurzgeschlossen und einer angeblich gemäßigten Mitte entgegengesetzt wer-

263 Zum gleichwohl großen Unterschied zwischen kollektiver Selbstverwaltung und unternehmerischer Selbstorganisation vgl. Graefe, *Resilienz im Krisenkapitalismus*, S. 87.

den. Es sind gerade die konzeptuelle Unbestimmtheit und normative Offenheit von Posterwerbsarbeit und Gemeinschaftspolitik, die diametral unterschiedlich gelagerte Anschlüsse ermöglichen.

Die alltägliche Basis des Community-Kapitalismus

Unisono betonen politische Akteure und Stiftungen, die sich der Engagementförderung verschrieben haben, dass die Aktivierung alltäglicher, gemeinschaftsbasierter Solidarität nicht zu instrumentell erscheinen sollte, um keine potenziellen Freiwilligen zu verschrecken. Im Zweiten Engagementbericht der Bundesregierung heißt es, dass es den Eindruck (nicht die Praxis!) einer Indienstnahme zu vermeiden gelte: »Deshalb ist aus Sicht der Bundesregierung auch eine angemessene Diktion von Bedeutung. Als nicht adäquat erscheinen Begriffe wie ›Bevölkerung mobilisieren‹ und ›Mobilisierung für freiwilliges Engagement‹.«[264] Zugleich zeigen Studien, dass für den freiwilligen Einsatz oft »weniger abstrahierte gesellschaftspolitische Anspruchsartikulationen, sondern vielmehr individuell-biographische bzw. konkret lokal verankerte Beweggründe und Ziele«[265] entscheidend sind. Faktisch sind es diese Beweggründe und Ziele, die jenseits ihrer dezidierten Steuerung einen Rückgriff auf die »Ressource Gemeinschaft« ermöglichen. In unserer eigenen Studie konnten wir verschiedene Mechanismen identifizieren, die Freiwillige und Umsonstarbeitende nicht nur motivieren, sich zu engagieren, sondern sie auch gegen den Eindruck der Instrumentalisierung immunisieren. Auch sind wir nicht wenigen Menschen begegnet, die zwar die Rahmenbedingungen und die Instrumentalisierung ihres En-

264 BMFSFJ, *Zweiter Bericht über die Entwicklung des bürgerschaftlichen Engagements*, S. 26.
265 Schwarzenberg u. a., »›Nicht für Erich Honecker‹«, S. 572.

gagements problematisieren, die aber aus anderen Gründen an ihrem Engagement festhalten.

Die *Betonung der Freiwilligkeit* wird am häufigsten als Gegenargument genannt, wenn es um die Möglichkeit der Ausnutzung von Engagement geht, so beispielsweise bei einem freiwilligen Demenzbetreuer: »Das Ehrenamt, das mache ich halt freiwillig. Wenn ich es machen will, mache ich es [...]. Das sehe ich nicht als ausgenutzt an.« Es wird der nicht vorhandene Zwang stark gemacht, als Kontrastfolie fungiert die Erwerbsarbeit, deren strukturelle Unfreiwilligkeit als Nährboden für Ausbeutung benannt wird. So betont eine Engagierte in der Geflüchtetenhilfe: »Also ich fühle mich nicht ausgenutzt, weil ich sage, ich mache es ja freiwillig. Ich muss es ja nicht. Ich könnte ja auch hier im Garten sitzen. [...] Also ausgenutzt kann ich mir nur fühlen, wenn ich bei einem Arbeitgeber arbeite, qualitativ hochwertige Arbeit mache und nur Mindestlohn kriege. Denn fühle ich mich ausgenutzt. Weil ich nicht angemessen bezahlt werde.« Mit der Freiwilligkeit wird eine niedrigschwellige Exit-Option verbunden, die dann greift, wenn Unzufriedenheit wächst oder Probleme entstehen: »Ich habe jederzeit das Gefühl, ich kann sagen Ade«, antwortet eine ehrenamtliche Lesepatin. Engagement wird mehrheitlich als freiwillige Gabe der Bürger*innen begriffen, die selber dafür verantwortlich sind, die Grenzen ihrer Engagementbereitschaft auszuloten. Dass der Ausstieg aus dem Engagement so niedrigschwellig ist, scheint die Hürden für eine dezidierte Kritik der Engagementbedingungen zu erhöhen. Die Referenz auf die Freiwilligkeit operiert dabei strikt subjektiv und setzt an der individuellen Situation der Engagierten an, während die durch freiwillige Arbeit erzeugten sozial- und arbeitsmarktpolitischen Effekte keine Rolle spielen.

In anderen Fällen verhindert der stark empfundene *Selbstzweck des Engagements*, dass sich Engagierte instrumentalisiert fühlen; Spaß und Freude sowie durch das Engagement gewonnene soziale Kontakte spielen eine zentrale Rolle, wie eine befragte Nachbarschaftshelferin sagt: »Ich fühle mich nicht ausgenutzt. Weil ich tue das, was mir Spaß macht.« Einige Engagierte betrachten ihr Engagement explizit als Hobby und unterscheiden genau zwischen dieser hobbynahen Freiwilligenarbeit und solchen Formen des Engagements, die zentrale Aufgaben der Daseinsvorsorge, z. B. in der Pflege, übernehmen. Die Rahmung der eigenen Aktivität als Freizeit, Spiel und Spaß – angereizt durch Modi der Gamification im Sinne spielerischer Steuerung – spielt ebenso wie die erfahrene Anerkennung auch bei Prosuming-Aktivitäten in der digitalen Ökonomie eine zentrale Rolle. Mit Engagement und digitaler Umsonstarbeit werden zudem fehlende Freude, Arbeitsverdichtung und Anerkennungsdefizite in der Erwerbsarbeit kompensiert; die freiwillige Arbeit dient damit gewissermaßen als Ventil der Unzufriedenheit in der Erwerbssphäre, wobei diese Funktion dort besonders stark ausgeprägt ist, wo sich Freiwillige berufsnah engagieren. Vor diesem Hintergrund wird das Engagement von vielen als eine *Win-Win-Win*-Situation gerahmt, von der neben der Gesellschaft und den Adressat*innen des Engagements auch sie selber profitieren: »Weil ich kann immer nur noch wiederholen, ich profitiere ja auch davon! Das ist ja nicht, dass ich als Engel vom Himmel schwebe und dann sage, nun mache ich mal was Gutes, so ist es nicht.« Stärker noch als der Rekurs auf die Freiwilligkeit setzt die Frage von Spaß, Sinnstiftung und Anerkennung an der individuellen Situation der Engagierten an, soodass strukturelle Implikationen des Engagements (z. B. im Blick auf Fragen der Professionalität oder der Arbeitsmarktneutralität) in den Hintergrund treten. Faktisch wird die Ent-Ökonomisierung, das heißt die Umdeutung von Posterwerbsarbeit in Nichtarbeit hier zur Grundlage der Ausbeutung freiwilliger Arbeit.

Einen starken Selbstzweck hat das Engagement schließlich auch überall dort, wo es zur (informellen) *Qualifizierung der Engagierten* beiträgt oder als wesentlicher Bestandteil der Biografie betrachtet wird, so zum Beispiel bei Bewerbungen für Stipendien und Studiengänge. Hier verhindert die strategische Bedeutung des Engagements, dass sich die Engagierten substanziell ausgenutzt fühlen. Eine interviewte Expertin vom Diakonischen Werk betont: »Ich habe das Gefühl, dass es ein großes Sprungbrett ist und dass es eigentlich fast ein No-Go ist, kein Ehrenamt mehr irgendwie im Lebenslauf zu haben. Also, dass schon auch Ehrenamt ein Ort sein kann, um Qualifikation mitzunehmen.« Hier zeigt sich auch, wie das Regieren durch Community mittels Einarbeitung entsprechender Tools in Qualifizierungs- und Ausbildungswege institutionalisiert wird.

Ein Kontrapol zu jenen, die die Freiwilligkeit und den (mehr oder weniger instrumentellen) Selbstzweck des Engagements stark machen, sind Engagierte, die aus *Loyalität gegenüber den auf Unterstützung Angewiesenen* agieren und ein ausgeprägtes Verantwortungs- und Pflichtgefühl empfinden. Diese Engagierten betonen den – durch staatliches Unterlassen – bedingten strukturellen Zwang zur Hilfe. Insbesondere in der Geflüchtetenhilfe ist zudem ein öffentlichkeitswirksamer Umgang mit dem Dilemma zu beobachten, den Staat – aus Verpflichtung gegenüber den Hilfsbedürftigen – durch das eigene Engagement substanziell zu entlasten; ein Vorreiter dieser politischen Instrumentalisierungskritik sind die Büros für medizinische Geflüchtetenhilfe, die anonyme und kostenlose Gesundheitsversorgung für Menschen ohne legalen Aufenthaltsstatus vermitteln. Jede Selbstdarstellung des Medibüros Berlin beginnt mit der Forderung nach einer öffentlichen Gesundheitsversorgung für alle und dem erklärten Ziel, sich selbst überflüssig zu machen, verbunden mit dem Motto »Es ist uns keine Ehre!« Trotzdem haben sie in Ermangelung von Alternativen für die medizinische Versorgung Illegalisierter weitergemacht.[266]

Neben der ökonomischen Vulnerabilität, die Menschen im monetarisierten Engagement hält bzw. für dieses gewinnt (vgl. Kapitel 4), spielen also sehr unterschiedliche Faktoren eine Rolle dafür, dass Menschen ihre Zeit, Zuwendung und Expertise spenden. Selbst Engagierte, die die gesellschaftliche Instrumentalisierung von Engagement kritisieren, werden oft über die erfahrene Anerkennung, die Freude an der Tätigkeit, die sozialen Kontakte im Engagement, die Möglichkeit, sich zu qualifizieren, oder ein ausgeprägtes Pflicht- und Verantwortungsgefühl im Engagement gehalten. Es sind diese persönlichen Erfahrungen und Orientierungen, die eine faktische Indienstnahme der Freiwilligenarbeit für Aufgaben der Daseinsvorsorge und Infrastruktur erleichtern und die das (häufig aus ganz anderen Gründen gewählte und aufrechterhaltene) Engagement (auch) zu einer Ressource in der Bearbeitung von Versorgungslücken werden lassen.

Die Analyse dieser vielschichtigen Bedingungen zielt nicht darauf, die Engagierten zu kritisieren oder ihnen Naivität respektive falsches Bewusstsein zu unterstellen – haben sie doch gute (und, wie dargelegt, sehr unterschiedliche) Gründe, an ihrem Engagement festzuhalten. Analytisch offenbart sich hier aber ein Spannungsfeld zwischen den makrosozialen, sozio-ökonomischen, arbeitsmarkt- und wohlfahrtsbezogenen

266 Bartholmé u.a., »Es ist uns keine Ehre«. Seit Juni 2019 gibt es die vom Berliner Senat finanzierte »Clearingstelle für nicht krankenversicherte Menschen«. Auch wenn das Konzept noch lückenhaft ist und nicht alle Bedarfe deckt, ist dies ein Erfolg der jahrelangen politischen Arbeit der Medibüros. Ähnlich auch die Position im Bundesverband der *Refugee Law Clinics*, die ehrenamtliche Rechtsberatung für Geflüchtete organisieren: »Deshalb sehen wir uns in der Pflicht, wir haben vor allem das Gefühl, dass wir Verantwortung übernehmen müssen.«

Implikationen von Posterwerbsarbeit auf der einen Seite und den konkreten subjektiven Erfahrungen der Freiwilligen auf der anderen Seite. Tatsächlich ist es dieses Spannungsfeld, das wesentlich zur Ausbeutbarkeit der Ressource Posterwerbsarbeit beiträgt, da im Zweifelsfall das Verantwortungsgefühl gegenüber den Hilfsbedürftigen, die Freude an der Tätigkeit oder die Wertschätzung von Hauptamtlichen unmittelbarer und als subjektiv bedeutsamer erfahren werden als die abstrakteren Prozesse der Indienstnahme, Informalisierung und Deprofessionalisierung freiwilliger Arbeit.

Linksalternative Bewegungen und der Community-Kapitalismus

Für die Frage der Hegemoniefähigkeit des Community-Kapitalismus ist von entscheidender Bedeutung, für welche politischen Strömungen die Kombination aus Posterwerbsarbeit und Gemeinschaftspolitik anschlussfähig sein könnte. Wir erleben seit einiger Zeit, insbesondere seit der Finanz- und Wirtschaftskrise 2008, einen neuen Boom von Alternativprojekten jenseits von Markt, Staat und Familie – aufgerufen durch Schlagworte wie *Commons*, *Community Economy*, *Konvivialismus*, *Care Revolution*, *Solidarische Ökonomie* –, die sowohl das Prinzip des (Privat-)Eigentums und Profits als auch den staatlichen Zugriff auf die Daseinsvorsorge infrage stellen. Diese Ansätze begegnen der Anonymität staatlicher Strukturen, den sozialen Folgen der Austeritätspolitik sowie der Profitorientierung der Marktgesellschaft mit der Wiederbelebung gemeinschaftsbasierter Ideen und Praktiken; Teilhabe und Solidarität im Kleinen, der Aufbau neuer sozialer Beziehungen sowie die Erprobung neuer Formen des Wirtschaftens stehen im Zentrum.[267] Auch in der Corona-Pandemie wurde wiederholt eine Stärkung

267 Z.B. Habermann, *Ecommony;* Helfrich u.a., *Commons;* Exner u.a., *Capitalism and the Commons.*

gemeinschaftlicher Sorge ausgemacht: »Verschiedene Nachbarschaftsinitiativen, von Bewegungen organisierte Kampagnen, verstreute rhizomatische Akte der Solidarität, gemeinschaftsbasiertes Management städtischer und ländlicher Territorien: All diese Prozesse und Handlungen verbreiten sich auf der ganzen Welt, unter dem Radar der dominanten Medien und in der Regel unter Umgehung der marktbasierten Kanäle sowie im direkten oder indirekten Konflikt mit den Prioritäten der Regierung.«[268]

Tatsächlich haben Fragen der Gemeinschaftlichkeit, der alltäglichen Solidarität und des Praktizierens konkreter Alternativen in der linken Geschichte in unterschiedlichen Kontexten eine zentrale Rolle gespielt – so in Organisationen der Arbeiterselbsthilfe im 19. Jahrhundert, in den durch 1968 ausgelösten linksalternativen Bewegungen oder im LGBTIQ*-Aktivismus. Wie Sven Reichardt in seiner Studie *Authentizität und Gemeinschaft* für die Alternativbewegungen der 1970er und 1980er Jahre zeigt, verknüpften viele die Suche nach dem richtigen Weg für revolutionäre Veränderungen der Gesellschaft »mit einem emotionalen Anliegen«, »der Suche nach Gemeinschaftsbildung in einer als kalt und erstarrt wahrgenommenen Außenwelt«[269]. Gemeinschaften als Subkulturen waren zudem oft ein Refugium, ein Schutz vor Angriffen aus der »Mehrheitsgesellschaft«, ein Hort der Solidarität in einem diskriminierenden Umfeld, so im AIDS-Aktivismus, in *Black Neighbourhoods* oder in autonom organisierten Schutzräumen für Frauen. In dieser Hinsicht waren viele historische Beispiele für »gemeinschaftsförmige Praktiken des Sorgens und Unterstützens [eine] Kritik an den Unzulänglichkeiten und Zumu-

268 https://undisciplinedenvironments.org/2020/05/08/life-as-commons/ [1.7.2021]; eigene Übersetzung.

269 Reichardt, *Authentizität und Gemeinschaft*, S. 218.

tungen von Sozialstaat und sozialen Diensten«[270], galten und gelten soziale Rechte und Zugang zu Daseinsvorsorge doch gerade nicht unterschiedslos und zuverlässig für alle. Ohne diese widerständige Geschichte und Gegenwart von Gemeinschaft(lichkeit) zu verkennen oder ihre emanzipatorischen Potenziale zu unterschätzen, möchten wir uns im Folgenden doch auf die Ambivalenzen und Fallstricke linksalternativer, gemeinschaftsförmiger Solidarität im Gegenwartskapitalismus konzentrieren und hierfür in aller Kürze mit der Perspektive des Konvivialismus, der Theorie und Praxis der Commons und dem Konzept der *Community Economy* einschlägige Ansätze in den Blick nehmen.

Von Frankreich ausgehend hat sich 2014 eine illustre Runde linker Wissenschaftler*innen – von Chantal Mouffe und Ève Chiapello über Serge Latouche und Alain Caillé bis hin zu Susan George und Éva Illouz – zusammengefunden und ein Konvivialistisches Manifest für eine »neue Kunst des Zusammenlebens« verfasst. Das Manifest kreist um die Idee gemeinschaftlicher, ressourcenschonender (Für-)Sorge, die auf dem »Prinzip der gemeinsamen Menschheit«[271] basiert und »unterhalb der Ebene des Staates und des Marktes für die Vermehrung gemeinsamer und assoziativer Tätigkeiten« eintritt.[272] In der Einleitung zur deutschen Übersetzung wird die posterwerbsgesellschaftliche Perspektive des Manifests deutlich: »Der unentgeltlich freie Austausch unter den Menschen kann als Basis einer konvivialen sozialen Ordnung gelten, die sich abgrenzt von einer allein materiell und quantitativ-monetär definierten Version von Wohlstand und des guten Lebens.«[273]

270 Laufenberg, »Mehr als ein Lückenfüller«, i.E.
271 Les convivialistes, *Das konvivialistische Manifest*, S. 61.
272 Im 2020 erschienenen *Zweiten Konvivialistischen Manifest* fehlt diese starke Affirmation von Gemeinschaftlichkeit im Kontrast zum problematisierten Staat, ohne dass diese Re-Akzentuierung expliziert würde.
273 Adloff in: Les convivalistes, *Das konvivialistische Manifest*, S. 25 f.

Soziale Ungleichheit oder Armut spielen in diesem Zusammenhang keine Rolle, und auch die potenziell prekaritätsfördernden Implikationen einer unentgeltlichen Tätigkeitsgesellschaft findet keine Erwähnung. Im Konvivialistischen Manifest sind nicht soziale Rechte, sondern »die Fürsorglichkeit und die Gabe [...], die konkrete und unmittelbare Umsetzung der allgemeinen Abhängigkeit des Menschen in die Praxis« zentral.[274] Im Manifest finden sich zahlreiche Anknüpfungspunkte für eine emanzipatorische, nachhaltige Politik, und es ist dort stark, wo es der marktförmigen Ware die in soziale Beziehungen eingebettete Gabe entgegensetzt. Es bleibt schwach, wenn es darum geht, die strukturelle Unsicherheit und Asymmetrie der sozialen Gabe im Vergleich zu verbürgten sozialen Rechten zu diskutieren, während zugleich mit dem Leitprinzip der »gemeinsamen Menschheit« gesellschaftliche Klassen- und Ausbeutungsverhältnisse de-thematisiert werden.

In eine ähnliche Richtung zielen viele Ansätze alternativen Wirtschaftens, die das Prinzip der Commons und Gemeingüter stark machen: »Commons lassen sich im Wesentlichen als institutionelles, rechtliches und infrastrukturelles Arrangement für ein Miteinander – das Commoning – beschreiben, bei dem Nutzung, Erhaltung und Produktion vielgestaltiger Ressourcen gemeinsam organisiert und verantwortet werden. Die Regeln des Commoning werden (idealerweise) im gleichberechtigten Miteinander von peers festgelegt [...]. Dieses Miteinander wurde und wird in unterschiedlicher Ausprägung von Gemeinschaften auf der ganzen Welt praktiziert.«[275] Ähnlich wie im *Konvivialistischen Manifest* geht es um alternative Formen der Solidarität jenseits von Markt, Staat und Familie, der Gemeinschafts- und Gemeinsinnbezug ist auch hier zen-

274 Les convivialistes, *Das konvivialistische Manifest*, S. 57.
275 Acksel u. a., »Commoning«, S. 134.

tral: »No commons withouth community«.[276] Konkrete soziale Bindungen treten an die Stelle abstrakter sozialer Rechte, Fragen der Verbundenheit und Sympathie stehen im Zentrum der Vergemeinschaftung. Viele Beiträge in der Debatte um Commons sind durchzogen von Subsistenz- und Eigenarbeitsvorstellungen in kleinen Gemeinschaften, die oft ebenso romantisch wie nostalgisch aufgeladen sind. Die Kehrseiten persönlicher Abhängigkeit, die wir in Kapitel 7 diskutiert haben, werden in diesen Zusammenhängen selten erwähnt.

Zugleich finden wir im heterogenen Feld der Commons-Perspektiven[277] aber auch Ansätze, die die Bedeutung von Gemeinschaft im Commoning herausfordern und Commons weniger als lokale Gemeinschaften denn als soziale Systeme verstehen, durch die gegenwärtige Eigentumsverhältnisse zu transformieren sind.[278] Auch ob und wie Alternativökonomien tatsächlich über die kapitalistischen Verhältnisse hinausweisen (können), ist eine kontrovers diskutierte Frage; zu nennen sind hier v. a. kritische Stimmen, die auf die Gefahr hinweisen, dass Commons zu einem willkommenen Bestandteil staatlicher Krisenpolitik werden können[279] – wie wir es am Beispiel der medizinischen Geflüchtetenhilfe gezeigt haben. In der Praxis finden sich tatsächlich fließende Übergänge zwischen explizit kritisch und widerständig angelegten Ansätzen der *Care Revolution*[280] oder des *Community-Organizing* einerseits und staatlich induzierter Krisenbearbeitung durch *Caring Commu-*

276 Caffentzis/Federici, »Commons Against and Beyond Capitalism«, S. 102.

277 Commons-Perspektiven reichen von eher staatstragenden Ansätzen als bürgerschaftlichem Engagement in einer *Mixed-Economy* – so im Ansatz der Nobelpreisträgerin Elinor Ostrom – über Commons als lokale Nischenökonomien bis hin zu dezidiert postkapitalistischen Perspektiven.

278 De Angelis, *Omnia sunt communia*.

279 Z. B. The Care Collective, *The Care Manifesto*; Bianchi, »Urban Commons«.

280 Winker, *Care Revolution*.

nities oder Quartiersentwicklung andererseits. An den Schnittstellen der Community-Entwicklung »von oben« (staatlicherseits) und »von unten« (getragen von sozialen Bewegungen) fällt zudem auf – wie wir auch für die Care-Forschung gezeigt haben –, dass es von Seiten staatlicher oder kommunaler Akteure mitunter wenig Berührungsängste gibt, im Krisenmodus auf dezidiert alternative Ansätze und Projekte zurückzugreifen.

Die Vereinnahmung von Alternativökonomien und ihre Kritik

Die kritische Auseinandersetzung mit dieser Gefahr wird allerdings durch drei Tendenzen gebremst, die mit den Schlagworten »Engführung des Kapitalismusverständnisses«, »Anti-Etatismus« und »Affirmation posttraditionaler Gemeinschaftlichkeit« beschrieben werden können. So ist erstens in vielen Alternativökonomien eine Kapitalismusanalyse vorherrschend, die den Kapitalismus als reine Marktwirtschaft engführt und alle anderen ökonomischen Formen als nichtkapitalistische affirmiert – und damit den Blick auf ihre konstitutive Funktion und Bedeutung für die Reproduktion des Systems verstellt. Diese Engführung zeigt sich auch im breit rezipierten Ansatz der *Community Economy* des Autor*innenduos J. K. Gibson-Graham: Sie plädieren dafür, »die Ökonomie zu durchkreuzen, um nicht marktwirtschaftliche Aktivitäten ›voll existenzfähig‹ zu machen«[281], wobei es vor allem um die Sichtbarmachung und Aufwertung von häuslicher Sorgearbeit und nicht entlohnten Community-Aktivitäten geht. So berechtigt dieses Anliegen grundsätzlich ist, so sehr neigt es dazu, die längst bestehende ökonomische Diversität zu unterschätzen, in der die Ausbeutung nicht regulär entlohnter Arbeit

281 Gibson-Graham, *Postcapitalist Politics*, S. 57; eigene Übersetzung.

eine konstitutive Rolle für den Kapitalismus spielt. »To fully exist« ist für nicht marktförmige Aktivitäten kein gegen den Kapitalismus errungener widerständiger Akt, sondern Funktionsvoraussetzung für die Reproduktion des Systems.

Neben dieser Engführung der Kapitalismusanalyse ist in vielen Alternativökonomien zweitens ein starker Anti-Etatismus vorherrschend. Im Blick auf die Hegemoniefähigkeit des Community-Kapitalismus ist dies bedeutsam, da sich Anschlussstellen zwischen linkem Anti-Etatismus und neoliberaler Sozialstaatskritik ergeben können (nicht müssen), wie dieses Beispiel zeigt: »Durch die starke Zentrierung auf den fürsorglichen, aber patriarchalen Sozialstaat ist dieser Bereich [die Zivilgesellschaft] aus dem Blick geraten. Seine Bedeutung wurde kaum wahrgenommen, weil wir unsere Forderungen an den Staat gerichtet und die Wohlstandssicherung delegiert haben. Mit dem Wegbrechen sozialstaatlicher Sicherungen wird dieser Bereich nun wieder wichtiger.«[282] Hier findet sich also eine explizite Affirmation der Verzivilgesellschaftlichung der sozialen Frage. Die linke Kritik an sozialstaatlichen Strukturen und Akteuren ist natürlich nicht neu: Doch während sie in den sozialen Bewegungen der 1960er und 1970er Jahre einem Geist der gesellschaftlichen Selbstbemächtigung gegenüber dem (stark auftretenden und regulierenden) Staat entsprang und auf mehr Partizipation und Autonomie zielte, verkennen aktuelle Kritiken häufig, dass an die Stelle des fordistischen, regulierend-paternalistischen Staates längst ein flexibel aktivierender Staat getreten ist – womit sich auch die Bedingungen der Kritik verändert haben. Bedeutsam ist vor diesem Hintergrund eine Gefahr, auf die Prätorius schon Anfang der 1980er Jahre hingewiesen hat, nämlich, dass sich eine »unheilige Allianz der Sozialromantiker

282 Kratzwald, »Commons und das Öffentliche«, S. 81.

und der Sparkommissare ergibt, daß die einen Solidarität deklamieren, die anderen aber Solidität verbuchen«.[283]

Drittens ist für die Hegemoniefähigkeit des Community-Kapitalismus bedeutsam, dass in linksalternativen Bewegungen zwar traditionelle, identitär-homogene Gemeinschaftskonzepte mehrheitlich zurückgewiesen werden, dass aber posttraditionale Konzepte, in denen Pluralität, freie Wahl und Unabgeschlossenheit eine zentrale Rolle spielen, von großer Bedeutung sind. Tatsächlich unterschätzt die Gleichzeitigkeit der Enttraditionalisierung und Affirmation von Gemeinschaft aber nicht nur den im Alltag fest verankerten, positiv aufgeladenen traditionalen Gehalt. Sie blendet, wie wir in Kapitel 3 gezeigt haben, auch aus, dass die konsequente De-Naturalisierung und Ent-Essenzialisierung erst die Voraussetzungen dafür schafft, Gemeinschaft(en) zum Gegenstand politischer Steuerung und Aktivierung zu machen; dass also an die Stelle der Zwangsförmigkeit traditionaler Gemeinschaften nicht notwendig die Freiheit, sondern die Regierung posttraditionaler Gemeinschaften im Modus der Freiwilligkeit getreten ist. Last but not least bieten gerade kommunitaristische, careethische und dekonstruktivistische Konzepte posttraditionaler Gemeinschaft eine offene Flanke in Richtung traditionaler Konzepte. Bei allen Unterschieden machen sie gemeinsam und in Abgrenzung zum Liberalismus eine »Ontologie des Mitseins«[284] sowie eine Ontologie der Vulnerabilität und Interdependenz stark.[285] Auch wenn aus dieser Ontologie keine spezifische Form oder Qualität von Gemeinschaft abgeleitet wird, sie also konzeptionell klar von einer Naturalisierung zu unterscheiden ist, ist der Schritt von der Ontologie zur Natur in der Rezeption und Praxis doch mitunter ein kleiner – so,

283 Prätorius, »Vom sanften Terror der Geborgenheit«, S. 500.

284 Gertenbach u. a., *Theorien der Gemeinschaft*, S. 160.

285 The Care Collective, *The Care Manifesto*.

wenn Commons und Gabenökonomien auf ursprüngliche Neigungen der Menschen zurückgeführt werden[286] oder die Politik der Gabe als »konkrete und unmittelbare Umsetzung der allgemeinen Abhängigkeit des Menschen in die Praxis«[287] verstanden wird.

Auch ein progressiver Rekurs auf Gemeinschaft bzw. gemeinschaftsförmige Solidarität(en) bietet unter den gegebenen Macht- und Kräfteverhältnissen also durchaus Anschlussstellen für eine Verzivilgesellschaftlichung der sozialen Frage durch die Verschränkung von Posterwerbs- und Gemeinschaftspolitik. Um das hegemoniale Potenzial des Community-Kapitalismus zu verstehen, ist es zugleich und bei aller Problematisierung dieser Zusammenhänge dringend geboten, die Sehnsucht vieler Menschen nach gemeinschaftsförmigen Lösungen nicht als naiv oder reaktionär abzuwehren, sondern sie ernst zu nehmen; ist sie doch häufig eine Sehnsucht nach dem Anderen des Kapitalismus, eine Sehnsucht nach weniger entfremdeten, solidarischen Verhältnissen – wir kommen auf diesen wichtigen Punkt im Fazit zurück.

Community-Kapitalismus: Anschlüsse und offene Flanken nach rechts

Für die Frage der Hegemoniefähigkeit des Community-Kapitalismus spielt auch der Rekurs auf Gemeinschaft in der Programmatik rechter Parteien und Bewegungen eine bedeutsame Rolle, auch wenn sich diese Gemeinschaftsbezüge von der liberalen Indienstnahme gemeinschaftsförmiger Ressourcen ebenso diametral unterscheiden wie von links-alternativen Konzepten posttraditionaler Gemeinschaften, die – wie dargelegt und trotz aller Kritik – wichtige Impulse für emanzipa-

286 Adloff, *Politik der Gabe*, S. 73.

287 Les convivialistes, *Das konvivialistische Manifest*, S. 57.

torische Alternativen zum Community-Kapitalismus liefern (vgl. Kapitel 10).

Entscheidend ist, dass rechte Kräfte nicht nur auf die Essenz und Bedeutung konkreter Gemeinschaften wie insbesondere die Familie in ihrer traditionellen Form verweisen, sondern dass sie grundlegender noch dazu tendieren, Gesellschaft als Gemeinschaft zu denken. Die Nation als »imagined community«[288] ist sicherlich kein ausschließliches Refugium der Rechten, spielt in ihrem Denken aber eine herausgehobene Rolle und bildet die wesentliche Grundlage für geflüchteten- und einwanderungsfeindliche Positionen. Der imaginierten Gemeinschaft der Nation wird die abstrakte Rationalität der bürokratisch verfassten, rechtlich regulierten Gesellschaft entgegengestellt, historisch aufgeladen in der Gegenüberstellung »einer primären, gemeinschaftlichen Seinsweise und einer sekundären, künstlich-scheinhaften Gesellschaftsform«[289]. Diese Gegenüberstellung ist im Rechtspopulismus nun mit der grundlegenden dyadischen Struktur der Entgegensetzung eines homogenen, guten einheitlichen Volkes (als Verkörperung der primären Seinsweise) und einer korrupten, abgehobenen Elite (als Verkörperung der bürokratischen Gesellschaftsform) verbunden.[290] »System versus Community«[291] lautet die mobilisierte Polarität, die eine »Wiedereinbettung des Sozialen, in eine überindividuelle Gemeinschaft«[292] verspricht, die schon in den frühen populistischen Bewegungen in den USA durch die Affirmation vormoderner, funktional kaum differenzierter Gesellschaften charakterisiert war.

288 Anderson, *Imagined Communities.*
289 Spitta, »Gemeinschaft, Multitude oder das Kommune«, o. S.
290 Müller, *Was ist Populismus?*, S. 42 ff.
291 Dörre, »Take back Control!«, S. 236.
292 Priester, *Rechter und linker Populismus*, S. 11.

Tatsächlich erweist sich die dyadische Struktur des Populismus (»Elite/Volk« bzw. »System/Gemeinschaft«) als triadische Struktur, die im Rekurs auf die Nation als *imagined community* nicht nur die (durchaus changierenden) Eliten aus dieser Gemeinschaft ausgliedert, sondern zudem alle Nichtstaatsbürger*innen, Migrant*innen und Geflüchtete als notwendig Außenstehende markiert. Indem die Eliten sowohl mit dem System verknüpft als auch als heimatlose Kosmopoliten adressiert werden, entsteht ein Gegenpol der räumlich situierten, homogenen auf konkreten Sozialbeziehungen aufruhenden Gemeinschaft der »normalen«, »einfachen« Leute. Paul Taggart hat diesen Gegen-Ort der Populisten als »Heartland« beschrieben, das im Herzen der imaginierten Gemeinschaft liege: Es schließe explizit einige soziale Gruppen aus und basierte »auf der Idee einer organischen Gemeinschaft, die eine gewisse natürliche Solidarität aufweist und daher stärker begrenzt ist als die Art von Gemeinschaft, die innerhalb der nationalen Grenzen beheimatet ist«[293]. Variabel zu bestimmende Eliten werden ebenso wie Staatsbürger*innen mit Migrationsgeschichte oder »nicht produktive« Gesellschaftsmitglieder (z. B. Obdachlose) außerhalb des Heartlands verortet. Während Klassenverhältnisse und Interessengegensätze in der homogenisierenden Verdichtung des Heartlands mit seinem Rekurs auf unhintergehbare Traditionen, lokale Verankerung und den Common Sense der »einfachen« Leute suspendiert werden, zeichnen sich rechtspopulistische Positionen durch eine Logik des Produktionismus aus,[294] die gleichermaßen die Diskriminierung sogenannter Finanzeliten (mit antisemitischer Konnotation) wie Obdachloser oder nicht erwerbstätiger Geflüchteter begründet.

293 Taggart, *Populism*, S. 95; eigene Übersetzung.
294 Jörke/Selk, *Theorien des Populismus?*, S. 22.

Die Anrufung der produktiven und rassistisch homogenisierten Gemeinschaft steht damit im Zentrum rechter Antworten auf die soziale Frage, denen eine konstitutiv exklusive Solidarität zu eigen ist. Eine gewisse wissenschaftliche »Adelung« erfährt diese Neuakzentuierung der sozialen Frage durch den am Wissenschaftszentrum Berlin forschenden Politikwissenschaftler Wolfgang Merkel und seine Kollegen Ruud Koopmans und Michael Zürn, die die rassistische Grundierung natürlich nicht teilen, denen zufolge aber die entscheidende Konfliktlinie nicht mehr zwischen rechts und links, sondern zwischen Kosmopoliten und Kommunitaristen verlaufe: »Letztere präferieren überschaubare Gemeinschaften, kontrollierte Grenzen; befürworten eine Beschränkung der Zuwanderung; optieren für kulturelle Identität und betonen den Wert des sozialen Zusammenhalts. Dieser, so das kommunitaristische Credo, sei leichter in kleinen abgrenzbaren Gemeinschaften herzustellen als in unbegrenzten soziopolitischen Räumen.«[295] Die als kommunitaristisch ausgewiesene Position wird dabei als ökonomisch rational affirmiert, schütze sie doch diejenigen, die die Hauptlasten (angeblich) offener Grenzen tragen. Die Frage, ob es Formen des Schutzes und der Sicherheit geben könnte, die gerade nicht auf gemeinschaftsförmige Schließung, sondern auf soziale Rechte setzt – und die eher auf einer Rechts-Links-Achse der Sozial- und Wirtschaftspolitik zu verorten wären – bleibt hier unbeantwortet.

Für die Wirkmächtigkeit der rechtspopulistischen Ideologie des Heartlands als organische Gemeinschaft spielt die konstitutive Schwäche posttraditionaler Verhältnisse in der Spätmoderne eine nicht zu unterschätzende Rolle: Verglichen mit der vermeintlich schicksalhaften Zugehörigkeit zu traditionalen Gemeinschaften, zeichnen sich posttraditionale Ge-

295 Merkel, »Die populistische Revolte!«, S. 54.

meinschaften – wie im siebten Kapitel gezeigt – durch eine strukturelle Unzuverlässigkeit aus, die untrennbar mit der Freiwilligkeit der Zugehörigkeit verbunden ist. Diese Labilität übersetzt sich in eine begrenzte Verlässlichkeit der Gabe freiwilliger Arbeit, die immer weniger über lebenslange Bindungen oder religiöse Zugehörigkeit dauerhaft gewährleistet wird, was wiederum – wie dargelegt – den aktivierenden Staat auf den Plan ruft. Tatsächlich nutzen rechte Akteure insbesondere die eklatanten Mängel von Infrastruktur und Daseinsvorsorge sowie die Schwäche der (stark alternden) Zivilgesellschaft in strukturschwachen ländlichen Regionen, um mit eigenen Angeboten (z. B. der Kinderbetreuung oder Nachbarschaftshilfe) die Re-Traditionalisierung der sozialen Frage voranzutreiben. Generationenübergreifende Projekte der Dorfentwicklung sind hier ebenso zu beobachten wie die rechtsextreme »Eroberung« des ländlichen Raums durch »völkische Siedler« in Schleswig-Holstein, Mecklenburg-Vorpommern und im nördlichen Brandenburg.

Der skizzierten Struktur rechtspopulistischen Denkens ist ein anti-etatistischer Impuls eigen, der mit einem Konzept von Zivilgesellschaft einhergeht, das diese von ihren vermeintlich »unproduktiven« Rändern löst und nach innen vereinheitlicht. Metz und Seßlen haben zu Recht darauf hingewiesen, dass ein anti-etatistischer Impuls, der auf die Stärke der Zivilgesellschaft setzt, zunächst einmal »nach mehreren Seiten hin offen [ist]«: »Der Anti-Etatismus ist nämlich ein übergreifender Trend, die ›Entstaatlichung‹ der Politik wird von rechts wie links, von politischen wie ökonomischen Interessen betrieben. Er gehört so sehr zur radikalen Individualisierung wie zur Sehnsucht nach neuen Formen von Gemeinschaft. Und unter der Zivilgesellschaft kann man ebenso die Gesamtheit einer durch den ›Alltagsverstand‹ (und seine Medien) verbundenen Kultur verstehen wie ein Netzwerk der

›autonomen‹ und ›antiautoritären‹ Bewegungen.«[296] Entscheidend für die aktuelle politische Konstellation der Verzivilgesellschaftlichung der sozialen Frage ist nun der Umstand, dass sich die Kräfteverhältnisse aufseiten der Kritik verschieben und dass nach Jahrzehnten, in denen Konzepte von Zivilgesellschaft nahezu unauflöslich mit progressiven sozialen Protestbewegungen und Alternativkulturen verbunden wurden, rechte Kräfte dieses Feld zunehmend für sich besetzten. Zunehmend finden sich dabei auch auf linker Seite liberalismuskritische bis hin zu populistischen Tönen, die weniger mit Klassengegensätzen als mit der Polarität von Elite/Volk operieren, wobei Letzteres als Zusammenschluss der über ihren »gesunden Menschenverstand« verbundenen einfachen Leute bestimmt wird.[297]

Der gegenwärtige Einfluss rechter Kritik am liberalen System hat dabei nicht nur das Potenzial, die Re-Definition der sozialen Frage als Frage fürsorglicher Gemeinschaften mit einer weiteren Legitimationsquelle zu versehen. Darüber hinaus wirkt die Kritik auf jene emanzipatorischen Bemühungen zurück, die in der jüngeren Vergangenheit auf eine Enttraditionalisierung von Gemeinschaft(en) zielen. Die von Derrida artikulierte Befürchtung, dass die Illusion einer natürlichen Zusammengehörigkeit so wirkmächtig sei, dass alle Versuche einer Neubestimmung von Gemeinschaft mit dem Risiko einhergingen, »den Bruder wiederkehren zu lassen«[298], scheint sich gegenwärtig zu bewahrheiten: Das Erstarken der Rechten hat bei nicht wenigen linken und linksliberalen Akteuren dazu geführt, Bezüge auf Nation, Heimat und Gemeinschaft in einer Weise zu re-artikulieren, die posttraditionale

296 Metz/Seeßlen, *Der Rechtsruck*, S. 227.

297 Z. B. Della Porta, »Progressive und regressive Politik«, S. 70; Michéa, *Das Reich des kleineren Übels*, S. 109 f.

298 Derrida, *Politik der Freundschaft*, S. 399.

Elemente in den Hintergrund rücken oder suspendieren. Ein neuer Linksliberalismus, der den Rechten etwas entgegenzusetzen habe, würde – so der US-amerikanische Kulturwissenschaftler Mark Lilla – »an die Nation im Geiste gemeinsamen Bürgersinns und gegenseitiger Hilfsbereitschaft appellieren«[299] und andere Anliegen, die eine solche nationale Einheit stören könnten – »insbesondere Fragen der Sexualität und der Religion«[300] –, nachrangig behandeln. Radikaler noch sind Versuche, die Essenz und Ursprünglichkeit von Gemeinschaften zu revitalisieren und an die Stelle einer sozialstaatlich vermittelten, über soziale Rechte erzielten Ähnlichkeit der Bürger*innen eine qua Gemeinschaftlichkeit gegebene Ähnlichkeit als Grundlage von Solidarität stark zu machen. Der slowenische Philosoph und Marxist Slavoj Žižek betont in seiner Flugschrift »Der neue Klassenkampf« eine ganz andere Trennungslinie als die eines antagonistischen Klassengegensatzes, wenn er unterstreicht: »Wir sind mehr oder weniger fest in einer bestimmten Lebensweise verwurzelt, mit jedem Recht, diese zu schützen.«[301] Bereits einige Jahre zuvor warnt er Linke wie Liberale davor, »die Sehnsucht nach authentischem Gemeinschaftsleben per se als protofaschistisch zu verdammen«[302]. In dem breit rezipierten Band »Das Volk gegen die (liberale) Demokratie« identifiziert Olaf Jann »eine gewisse kulturelle Homogenität« als Grundlage für Vertrauen, Kooperation und Solidarität und verwehrt sich dagegen, »nativistische Identitätsangebote stereotyp als Xenophobie zu identifizieren«[303]. Mit ähnlicher Diktion wirbt die Linken-Politikerin Sarah Wagenknecht[304] für einen linken Konservatismus, der

299 Lilla, *The Once and the Future Liberal*, S. 51.
300 Ebd.
301 Žižek, *Der neue Klassenkampf*, S. 18.
302 Ders., *Auf verlorenem Posten*, S. 23.
303 Jann, »Heartland«, S. 291.
304 Wagenknecht, *Die Selbstgerechten*.

Heimat, Nation und Familie stärkt und in diesen Grenzen »Gemeinsinn und Zusammenhalt« stark macht.

Hier kehren essenzialisierende Gemeinschaftsbezüge zurück, die mit Ansätzen posttraditionalen Gemeinsinns gerade überwunden werden sollten. Die zitierten Beispiele zeigen, dass posttraditionale Konzepte von Gemeinschaft nicht nur ob ihrer Anschlussfähigkeit an die liberale Regierung der Ressource »Gemeinschaft« in Zeiten der Reproduktionskrise kritisch in den Blick zu nehmen sind, sondern dass zugleich das traditionale Erbe herausfordernd und lebendig bleibt.

10 Quo vadis Community? Alternativen zum Community-Kapitalismus

Der Community-Kapitalismus bietet mit seiner Kombination aus Posterwerbs- und Gemeinschaftspolitik eine Antwort auf die multiplen Krisen der Gegenwart, indem er funktionale Lösungen für die Reproduktionskrise mit einer legitimationsstiftenden Antwort auf die Hegemoniekrise des Neoliberalismus verbindet, während er zugleich Impulse aus der Entwicklung digitaler Infrastrukturen und Online-Communitys aufgreift. Die politische Ökonomie des Community-Kapitalismus beruht auf der doppelten (direkten, profitgenerierenden und indirekten, kostensparenden) Ausbeutung von Posterwerbsarbeit, die auf das grundsätzliche Dilemma von Sorge- und Reproduktionsarbeit antwortet, zugleich unverzichtbar und begrenzt profitabel zu sein. Posterwerbsarbeit ist dabei nicht einfach nur kostengünstig oder billig, sondern eingebettet in eine moralische Ökonomie der positiven »Aufladung« von Freiwilligkeit und Gemeinsinn, die die prekarisierenden, ausbeutenden, Unsicherheit und Abhängigkeit stiftenden Implikationen dieser Reproduktionsstrategie verschleiern. Durch die gemeinschaftliche Affizierung der Posterwerbsarbeit gelingt eine Umdeutung von Arbeit in Nichtarbeit, die nicht nur ihre Ausbeutung ermöglicht, sondern nach Jahren des Hyperindividualismus, der Ökonomisierung und der Kultur der Eigenverantwortung zugleich auf eine verbreitete Sehnsucht nach Formen nicht entfremdeter Arbeit sowie der Kooperation und gemeinschaftlichen Sorge antwortet. Vor diesem Hintergrund erweist sich, so das Fazit dieses Buches, die gleichzeitige Ausbeutung von Verwundbarkeit und Verbundenheit als zentrale Triebkraft des Community-Kapitalismus. Es ist die Verbundenheit, die unter Bedingungen der Prekarität und Informalität freiwilliges Engagement mobilisiert und die Hoffnung auf einen solidarischen Alltag nährt, ohne dass die strukturellen Bedingungen der Verwundbarkeit überwunden werden. Mehr noch, es ist die Verbundenheit, die zur zentralen Ressource der ausbeuterischen Krisenbearbeitung wird. Andrea Muehlenbach konstatiert in einer Studie zur Informalisierung im italienischen Wohlfahrtsstaat treffend: »Unbezahlte Arbeit ermöglicht in dem Moment, in dem sie zum Einsatz kommt und ausgebeutet wird, das Entstehen eines utopischen Versprechens im Herzen der neoliberalen Reform.«[305]

Der Community-Kapitalismus entfaltet seine Bedeutung gerade dadurch, dass er auf die Sehnsucht nach Gemeinschaft und Solidarität eine Antwort zu bieten scheint und dass er für Akteure unterschiedlichster politischer Provenienz Anschlussstellen bietet. Dabei gelingt es dem Kapitalismus wieder einmal, sich über seine Kriseneffekte erfolgreich zu reorganisieren: Die Sehnsucht nach Geborgenheit und Unterstützung in sozialen Gemeinschaften, die gerade durch den Abbau sozialer Sicherung und eine wettbewerbsförmig gesteigerte Vereinzelung genährt wird, wird ihrerseits zur Ressource und im krisengeschüttelten Kapitalismus als Alternative zu sozialen Rechten ausgebeutet. Historisch war die emanzipatorische Antwort auf die Sehnsucht nach gemeinschaftsförmigen Lösungen der Kommunismus – er »symbolisiert den Wunsch, einen Ort für die Gemeinschaft zu finden oder wiederzufinden«[306]. Im Lichte des gescheiterten real existierenden Sozialismus wird dieser Wunsch seit geraumer Zeit auch in alternativen Bewegungen neu formuliert: »Sie vergegenwärtigen diese Abwesenheit, aber sie geben ihr einen anderen Namen,

305 Muehlebach, *The Moral Neoliberal*, S. 12; eigene Übersetzung.
306 Nancy, *Die undarstellbare Gemeinschaft*, S. 11.

den Namen Community«[307]. Die historisch stark verankerte Romantisierung von Gemeinschaft als antikapitalistisches Refugium und Hort stillschweigenden Verständnisses und komfortabler Geborgenheit ermöglicht diese Umdeutung. Sie verstellt dabei jedoch sowohl den Blick auf die »Grenzen der Gemeinschaft« als auch auf die politische Ökonomie der Indienstnahme von Gemeinschaft als Ressource und de-thematisiert die Konflikt- und Interessengegensätze im Gegenwartskapitalismus. Das bedeutet – wie wir gezeigt haben – nicht, dass posttraditionale Gemeinschaften kein emanzipatorisches Potenzial bergen, dass sie nicht Quellen der Kritik und der Entwicklung alternativer Formen des Arbeitens und Lebens sein können. Die Voraussetzungen dafür sind allerdings im neoliberalen Gegenwartskapitalismus nicht einfach gegeben, werden alternative Ansätze und Projekte doch nicht mehr – wie in den Hochzeiten des Fordismus und der sozialen Bewegungen der 1960er und 1970er Jahre – gegen den stark normierenden und regulierenden Wohlfahrtsstaat durchgesetzt, sondern flexibel »von oben« als Ressource in Dienst genommen. Und das System ist auf diese integrativen und versorgenden Ressourcen für seine Reproduktion strukturell angewiesen, da sich der Neoliberalismus als »uncaring by design«, als »system of organized loneliness«[308] erweist.

Vor dem Hintergrund wachsender sozialer Ungleichheiten, reproduktiver Überforderungen und einem Gesellschaftssystem, das sukzessive seine eigenen Voraussetzungen aufzehrt, ist es tatsächlich auch in normativ-politischer Hinsicht geboten, sorgende bzw. sorgefreundliche Alternativen zu erkunden. Mit den multiplen Krisen des Neoliberalismus haben Ansätze und Konzepte an Gewicht gewonnen, die Fragen der sozialen Interdependenz, der Gegenseitigkeit und Reziprozi-

307 Joseph, *Against the Romance of Community*, S. 73; eigene Übersetzung.
308 The Care Collective, *The Care Manifesto*, S. 10, 45.

tät stark machen, ohne auf traditionelle Konzepte der Gemeinschaftlichkeit zu rekurrieren: als »Politics of Interdependence«[309], »Mutualismus«[310] oder »Commoning«. So fragt Eva von Redecker in ihrem Buch *Revolution für das Leben*: »Was also ist ein solidarisches Verhältnis? Ein [...] Begriff für Solidarität ist Mutualismus. Besonders in der anarchistischen Tradition gibt dieses Konzept die erwünschte Grundausrichtung aller Beziehungen vor: gegenseitige Hilfe. [...]. [M]it der Bestimmung der ›Gegenseitigkeit‹ verändert sich der Charakter der Hilfe. Sie ist kein wohltätiger Akt, sondern ein gemeinsamer Pakt. Selbst wenn die Kräfte situativ ungleich verteilt sind, wissen wir doch, dass wir Gleiche sind. Wir könnten einander wechselseitig helfen.«[311]

Wie kann ein solcher »Mutualismus« der gegenseitigen Hilfe und Solidarität gestärkt werden, ohne dass die von uns herausgearbeiteten Fallstricke persönlicher Abhängigkeit, die Hierarchien des Helfens und das Prinzip von Schuld und Verpflichtung in der Gabenbeziehung die emanzipatorischen Potenziale der solidarischen Wechselseitigkeit aushebeln? Auch wenn man Adornos Pessimismus bezüglich persönlicher Bindungen nicht in aller Radikalität folgen mag, bleibt doch seine Mahnung bedenkenswert, dass Menschen, die Bindungen »mehr oder minder freiwillig annehmen [...], in eine Art von permanentem Befehlsnotstand versetzt«[312] werden. Wie kann angesichts dessen das spannungsvolle Verhältnis von Autonomie und Verbundenheit austariert werden? Wir halten es für einen bemerkenswerten Fehlschluss vieler links-alternativer Ansätze und Bewegungen, dass sie die freiheitsverbürgende und autonomiestiftende Funktion sozialer Institutionen und

309 Ebd.
310 Von Redecker, *Revolution für das Leben*.
311 Ebd., S. 213.
312 Adorno, *Erziehung zur Mündigkeit*, S. 92 f.

sozialer Rechte konstitutiv geringschätzen und die emanzipatorische Kraft oft ausschließlich und pauschal in Gegenbewegungen »von unten« verorten.[313] An dieser Schwäche ansetzend, machen wir die Bedeutung staatlich garantierter sozialer Rechte und Infrastrukturen zum Ausgangspunkt unserer Überlegungen und fragen: Wie kann eine Alternative zum Community-Kapitalismus aussehen, die die wechselseitige Verbundenheit von Menschen stärkt, ohne ihre Autonomie einzuschränken, die den Fallstricken gemeinschaftsbasierter Fürsorge entgeht, ohne unkritisch den Sozialstaat mit seinen normierenden und exkludierenden Implikationen anzurufen, und die – vor allem – eine solidarische Antwort auf die zerstörerischen Folgen von Privatisierung, Kommodifizierung und Deregulierung bietet? Wie können soziale Rechte und Infrastrukturen zugleich garantiert *und* demokratisiert werden? Wie kann eine institutionelle Einbettung und Förderung von Solidarität im Alltag gelingen, ohne dass alternative Projekte, zivilgesellschaftliches Engagement und alltägliche Hilfen als kostengünstige Ressource ausgebeutet werden oder die emanzipatorischen Potenziale von Selbstorganisierung durch Regulierung zunichte gemacht werden?

Die erste Antwort lautet: Abhängige Arbeit zum Lebensunterhalt ist als Arbeit zu regulieren und zu entlohnen, während unbezahlte Tätigkeiten nicht vorschnell, ohne Prüfung ihrer potenziell informalisierenden, prekarisierenden, de-professionalisierenden Implikationen, als positive Alternativen zur Erwerbsarbeit aufgeladen oder aber als feminisierte Gratis-

313 Es ist eine Perspektive, die wissenschaftlich durch den großen Einfluss poststrukturalistischer und postfundamentalistischer politischer Philosophien gestützt wurde und wird, in denen ein mehr oder weniger emphatisch aufgeladener anti-institutioneller Gestus vorherrscht, der verkennt, dass Befreiung nur möglich ist, wenn es auch Stabilitäten und Sicherheiten gibt (vgl. ausführlich: van Dyk, »Poststrukturalismus, Gesellschaft, Kritik«).

ressource abgewertet werden sollten. Dafür gilt es, die moralische Ökonomie des Community-Kapitalismus im Blick zu behalten und zu fragen, wo die Affirmation von Gemeinschaftlichkeit und Gemeinsinn zur Folge hat, dass ausgebeutete Posterwerbsarbeit der Gegenwart als Vorgriff auf eine nichtmonetarisierte Tätigkeitsgesellschaft der Zukunft erscheint. Wo ist die (gegenseitige) Hilfe tatsächlich Arbeit, die nach Maßgaben des Arbeitsrechts und Mindestlohns zu beurteilen ist? Wo ersetzen Freiwillige fehlende Fachpflegekräfte oder den öffentlichen Nahverkehr? Wo leisten Prosumer die Arbeit von Produktentwickler*innen und Werbefachleuten? Wo organisieren Nachbarschaftsinitiativen die Grünpflege oder Langzeitarbeitslose im Bundesfreiwilligendienst die Ganztagsbetreuung an Schulen? Wo werden soziale Rechte und Sicherheiten unterlaufen, indem Arbeit in Hilfe, Freizeit, Freiwilligkeit, Gemeinsinn oder Liebe umdefiniert wird? Und wo werden durch den positiven Bezug auf »unbezahlbare« Hilfsbereitschaft soziale Prekarität und personale Abhängigkeiten zementiert?

Die zweite Antwort betrifft die Organisation von sozialer Daseinsvorsorge und Infrastruktur: Hier ist es ein Ansatzpunkt, die etablierte Polarität von »privat(wirtschaftlich)« und »öffentlich« aufzubrechen und das Öffentliche dahingehend neu zu denken,[314] dass die Rolle des Staates als bislang »tendenzieller Monopolist des Öffentlichen«[315] im Zusammenspiel mit zivilgesellschaftlichen Kräften neu bestimmt wird. Konkret heißt das, die neoliberale Strategie der Verzivilgesellschaftlichung der sozialen Frage, die auf *Outsourcing*, Ressourcennutzung und Entpolitisierung setzt, umzukehren und im Sinne eines *Insourcing* zivilgesellschaftliche Akteure als handlungsmächtige Gestalter*innen in die Organisation der öffentlichen Daseinsvorsorge und Infrastruktur zu integrieren. Wie

314 Vgl. auch Zelik, *Wir Untoten des Kapitals*, S. 244 f.
315 Schultheiß, »Im Dienste öffentlicher Güter«, S. 11.

könnte, um nur ein Beispiel zu nennen, die formal existierende Selbstverwaltung der Sozialversicherungen in Deutschland so organisiert werden, dass hier tatsächlich die Versicherten mitbestimmen? Dies würde bedeuten, die historisch fest verankerte Entgegensetzung von (Sozial-)Staat und Zivilgesellschaft dahingehend aufzuweichen, dass sozialstaatliche Strukturen für die Partizipation der Versicherten und Versorgten geöffnet werden, statt der outsourcenden neoliberalen Praxis einseitiger Staatsentlastung durch zivilgesellschaftliche Akteure zu folgen.

Wenn wir mit dem Insourcing der Zivilgesellschaft in die öffentlichen Strukturen den Sozialstaat als Referenzpunkt und Gewährleister stark machen, blenden wir nicht seine konkreten historischen Begrenzungen, Normierungen und Ausschlüsse (z. B. von prekär Beschäftigten oder Migrant*innen) aus. Ansatz- und Ausgangspunkt ist vielmehr das Sozialstaats*prinzip* mit seiner strukturellen Entkoppelung von sozialer Sicherung und sozialer Beziehung sowie das in diesem Prinzip angelegte, vielfach uneingelöste Emanzipationsversprechen der sozialen Sicherheit und Solidarität (vgl. ausführlich dazu Kapitel 7). Dafür ist es von zentraler Bedeutung, die Frage der Verteilungsverhältnisse und des Zugangs zu öffentlicher Daseinsvorsorge und Infrastruktur um Fragen der Gestaltungs- und Verfügungsmacht und damit grundsätzlich um eine Perspektive auf Eigentumsverhältnisse zu ergänzen. Historisch zielte die Entwicklung der Wohlfahrtsstaaten – zumal in den Hochzeiten des Fordismus in Westeuropa und Nordamerika – auf eine partielle »Rehabilitation von Nicht-Eigentümern«[316] durch die Institutionalisierung sozialer und arbeitsbezogener Rechte, Begrenzungen der Verfügungsmacht von Privateigentümer*innen und die staatliche Verantwortung für zentrale

316 Castel, *Die Stärkung des Sozialen*, S. 40.

Bereiche der Daseinsvorsorge ab. Doch obwohl Autoren wie Robert Castel in diesem Zusammenhang von dem durch Wohlfahrtsstaaten geschaffenen »sozialen Eigentum« sprechen, wird genau das für Eigentum zentrale Moment der Gestaltungs- und Verfügungsmacht ausgeblendet, sodass soziale Sicherung und soziale Partizipation entkoppelt bleiben.

An diesem Punkt greift die bedeutsame Unterscheidung von Verstaatlichung und Vergesellschaftung, und es bietet sich an – ausgehend von Artikel 15 des Grundgesetzes[317] – »mit dem Sozialstaatsprinzip zu Vergesellschaftungen«[318] überzugehen. Hier eröffnen sich auch verbindende Perspektiven zwischen öffentlichen Gütern/Infrastrukturen und Commons, die für eine emanzipatorische Perspektive nicht gemeinschaftsförmiger Solidarität anschlussfähig sind. So unterscheidet Massimo de Angelis öffentliche Güter (bei ihm *common goods*) als Güter mit einem Nutzen für die Bevölkerung, von *commons* im Sinne gemeinsam verwalteter Güter in gemeinschaftlichem Eigentum. Es ist demzufolge der Eigentumsanspruch, der ein *common good*, das einen Gebrauchswert für viele schafft, ein Gemeingut werden lässt: »Eine Pluralität, die Eigentum beansprucht [...], nutzt diesen Gebrauchswert nicht nur oder greift auf ihn zu, sondern bestimmt auch über seine Produktion und Reproduktion, seine Nachhaltigkeit und Entwicklung.«[319] Hier können emanzipatorische Perspektiven einer »commonification of public services«[320] ansetzen, die – anders als in der als Community-Kapitalismus analysierten Konfiguration – nicht die Ressourcen der Zivilgesellschaft aktivieren,

317 »Grund und Boden, Naturschätze und Produktionsmittel können zum Zwecke der Vergesellschaftung durch ein Gesetz, das Art und Ausmaß der Entschädigung regelt, in Gemeineigentum oder in andere Formen der Gemeinwirtschaft überführt werden« (Artikel 15, GG).

318 Wawzyniak, »Die Form des Wirtschaftens ändern«, S. 311.

319 De Angelis, *Omnia sunt communia*, S. 29 f; eigene Übersetzung.

320 Bauwens/Niaros, *Changing Societies*, S. 52.

um Lücken der Daseinsvorsorge zu schließen, sondern umgekehrt die Gestaltung und Verwaltung sozialer Rechte, Infrastruktur und Daseinsvorsorge konsequent vergesellschaften. Im Sinne von *Public-Common-Partnerships* zirkulieren in diesem Zusammenhang Ideen, die die etablierte Entgegensetzung von Institutionen und Bewegungen aufbrechen, indem sie auf ein »commoning of our institutions«[321] setzen, um kollektiv organisierte Solidarität zu ermöglichen.

Derzeit sind verschiedene erste Suchbewegungen nach einer neuen, solidarischen, partizipativen, öffentlichen Alltagsökonomie und Infrastruktur zu beobachten, die so unterschiedliche Namen tragen wie »Alltäglicher Kommunismus«[322], »Fundamentalökonomie«[323] oder »Infrastruktursozialismus«[324] – und die über die kleinen Netze lokaler Gemeinschaften hinausweisen. Von praktischer Relevanz könnten sich zudem Ansätze eines neuen Munizipalismus erweisen,[325] der auf ein neues Verhältnis zwischen kommunalen Regierungen und sozialen Bewegungen zielt und die institutionellen Rahmenbedingungen für zivilgesellschaftliche Partizipation am Öffentlichen verändert – Vorreiter sind hier einige spanische Städte, in denen Vertreter*innen von Anti-Austeritätsbewegungen als Teil der Stadtregierung entsprechende Kooperationen vorangebracht haben. Ob sie tatsächlich das Potenzial haben, das Öffentliche im Spannungsfeld von Staat und Zivilgesellschaft neu zu bestimmen, wird abzuwarten sein. Da die Zukunft des Öffentlichen und der Öffentlichkeit nicht auf eine

321 Milburn/Russel, »What Can an Institution Do?«, S. 54.

322 Streeck, »Der alltägliche Kommunismus«.

323 Foundational Economy Collective, *Die Ökonomie des Alltagslebens.*

324 https://www.zeitschrift-luxemburg.de/geiz-ist-gar-nicht-geil-ueber-konsum-weisen-klassen-und-kritik/; https://www.fr.de/kultur/gesellschaft/sigard-neckel-polarisierung-wird-zunehmen-13612072.html [1. 7. 2021].

325 Brunner u. a., *Die neuen Munizipalismen.*

Neustrukturierung der digitalen Ökonomie verzichten können wird, gilt es nicht zuletzt, diese Perspektiven mit Ansätzen des »Plattform-Kooperativismus«[326] zusammenzuführen, die auf die Begrenzung der Macht privater Konzerne im Plattformkapitalismus zielen, die wesentlich durch die Aneignung von Daten, die Ausbeutung unbezahlter Aktivitäten und die Privatisierung der digitalen Infrastruktur genährt wird.

Was all den genannten Ansätzen bisher fehlt, ist eine systematische Analyse der Konfiguration, die wir Community-Kapitalismus nennen und die das Potenzial hat, eine hegemoniefähige und systemstabilisierende Antwort auf die Funktions- und Legitimationskrise des Neoliberalismus zu werden. Erst wenn wir diese Struktur, ihre Treiber, Träger*innen und Dynamiken durchdringen – und wir hoffen, dazu einen Beitrag geleistet zu haben –, sind wir davor gefeit, ausgebeutete Posterwerbsarbeit der Gegenwart als Vorgriff auf eine nichtkapitalistische Tätigkeitsgesellschaft der Zukunft zu missdeuten. Und erst wenn wir konsequent die Eigentumsfrage stellen, die Kehrseiten gemeinschaftlicher und freiwilliger Strukturen ernst nehmen und nach der Verfügungs- und Gestaltungsmacht fragen, kann es gelingen, die instrumentelle Verzivilgesellschaftlichung der sozialen Frage in ein emanzipatorisches Projekt der Vergesellschaftlichung des Öffentlichen zu überführen. Eine solche Politik des *Insourcing* der Gesellschaft in die wohlfahrtsstaatlichen Strukturen wäre, so abstrakt sie hier abschließend bleiben muss, nicht nur eine Alternative zur neoliberalen Politik der Austerität und Kommodifizierung; sie würde auch die Organisation von sozialen Rechten und Infrastrukturen fundamental verändern und die für den Community-Kapitalismus charakteristische Spaltung der Zivilgesellschaft in Sorgende und Gestaltende überwinden. Die Einheit

326 Scholz, *Plattform-Kooperativismus.*

von Sorge, Versorgung, Partizipation und Gestaltung würde zum Fluchtpunkt einer solidarischen Gesellschaft jenseits des Community-Kapitalismus. Einen solchen Fluchtpunkt zu setzen, bedeutet nicht, informelle Hilfe und Unterstützung, freiwilliges Engagement und nachbarschaftliche Solidarität im Hier und Jetzt gering zu schätzen. Deutlich wird vor diesem Hintergrund aber die Relevanz eines rebellischen Engagements, das nicht nur stillschweigend sorgt und unterstützt, sondern unbequem und laut seine eigenen Grenzen und die Vereinnahmung als Ressource des neoliberalen Staats problematisiert – um den Weg für eine staatlich garantierte, vergesellschaftete solidarische Infrastruktur und Daseinsvorsorge zu bereiten.

Literaturverzeichnis

Acksel, Britta u.a., »Commoning«, in: Frank Adloff / Volker M. Heins (Hg.), *Konvivialismus. Eine Debatte*, Bielefeld 2014, S. 133–145.

Adloff, Frank, *Politik der Gabe*, Hamburg 2018.

Ders. / Degens, Philipp, »›Muss nur noch kurz die Welt retten‹. Philanthrokapitalismus: Chance oder Risiko?«, in: *Forschungsjournal Soziale Bewegungen*, 30 (4), 2017, S. 43–55.

Ders., *Zivilgesellschaft. Theorie und politische Praxis*, Frankfurt am Main / New York 2005.

Adorno, Theodor W., *Erziehung zur Mündigkeit. Vorträge und Gespräche mit Hellmut Becker 1959–1969*, Berlin 2015.

Agamben, Giorgio, *The Coming Community*, Minneapolis 1993.

Allan, Kori, »Volunteering as Hope labour«, in: *Culture, Theory and Critique*, 60 (1), 2019, S. 66–83.

Altenried, Moritz / Dück, Julia / Wallis, Mira, *Plattformkapitalismus und die Krise der sozialen Reproduktion*, Münster 2021.

Anderson, Benedict, *Imagined Communities: Reflections on the Origin and Spread of Nationalism*, London 1983.

Artus, Ingrid / Birke, Peter / Kerber-Clasen, Stefan / Menz, Wolfgang, *Sorge-Kämpfe. Auseinandersetzungen um Arbeit in sozialen Dienstleistungen*, Hamburg 2017.

Aulenbacher, Brigitte / Lutz, Helma / Schwiter, Karin (Hg.), *Gute Sorge ohne gute Arbeit? Live-in-Care in Deutschland, Österreich und der Schweiz*, Weinheim/Basel 2021.

Dies., »Auf neuer Stufe vergesellschaftet: Care und soziale Reproduktion im Gegenwartskapitalismus«, in: Karina Becker / Kristina Binner / Fabienne Décieux (Hg.), *Gespannte Arbeits- und Geschlechterverhältnisse im Marktkapitalismus*, Wiesbaden 2020, S. 125–147.

Dies. / Décieux, Fabienne / Riegraf, Birgit, »Capitalism Goes Care. Elder and Child Care Between Market, State, Profession, and Family and Questions of Justice and Inequality«, in: *Equality, Diversity and Inclusion*, 37 (4), 2018, S. 347–360.

Dies. / Riegraf, Birgit / Völker, Susanne, *Feministische Kapitalismuskritik*, Reihe Einstiege 23, Münster 2015.

Dies. / Bachinger, Almut / Décieux, Fabienne, »Gelebte Sorglosigkeit. Kapitalismus, Sozialstaatlichkeit und soziale Reproduktion am Beispiel des österreichischen ›migrant-in-a-family-care‹-Modells«, in: *Kurswechsel*, (1), 2015, S. 6–14.

Baines, Donna, »Caring for Nothing: Work Organization and Unwaged Labor in Social Services«, in: *Work, Employment & Society*, 18 (2), 2004, S. 267–295.

Bartholmé, Burkhard / Groß, Jessica / Misbach, Èlene, »Es ist uns keine Ehre! Aktion 20 Jahre Medibüro sind genug«, in: *ak – analyse & kritik*, Nr. 615, 19. 4. 2016.

BaS, »Dreht sich alles nur (noch) ums Geld?«, in: Bundesarbeitsgemeinschaft Seniorenbüros e. V. (Hg.), *BaS Impulse*, Heft 1, Bonn 2013.

Bauman, Zygmunt, *Gemeinschaften*, Frankfurt am Main 2001.

Bauwens, Michel / Niaros, Vasilis, *Changing Societies Through Urban Commons Transitions*, Berlin 2017.

Beck-Gernsheim, Elisabeth, »Frauen – die heimliche Ressource der Sozialpolitik«, in: WSI-*Mitteilungen* (2), 1991, S. 58–66.

Beher, Karin / Liebig, Reinhard / Rauschenbach, Thomas, *Strukturwandel des Ehrenamts. Gemeinwohlorientierung im Modernisierungsprozeß*, Weinheim/München 2000.

Beller, Anneli / Haß, Rabea, »Experiment Altersöffnung: Politische Ziele und nicht-intendierte Folgen – empirische Befunde aus der Pionierphase des Bundesfreiwilligendienstes«, in: *Voluntaris*, 1 (1), 2013, S. 51–72.

Bhattacharya, Tithi (Hg.), *Social Reproduction Theory*, London 2017.

Bianchi, Lolonda, »Urban Commons. Between Collaborative Pact and Neoliberal Governmentality«, in: Guido Borella / Maurizio Busacca (Hg.), *Society and the City*, Mimesis International, Sociology, (13), 2020, S. 63–78.

Biebricher, Thomas, *Neoliberalismus. Zur Einführung*, Hamburg 2018.

Biesecker, Adelheid / Wichterich, Christa / Winterfeld, Uta v., »Feministische Perspektiven zum Themenbereich Wachstum, Wohlstand, Lebensqualität«. Hintergrundpapier, https://www.rosalux.de/fileadmin/rls_uploads/pdfs/sonst_publikationen/Biesecker_Wichterich_Winterfeld_2012_FeministischePerspe.pdf [11. 6. 2021].

Bispinck, Reinhard, »WSI Niedriglohn-Monitoring 2015«, in: *Informationen zur Tarifpolitik. Elemente qualitativer Tarifpolitik*, 80, 2015, https://www.boeckler.de/pdf/p_ta_elemente_80_2015.pdf [11. 6. 2021].

BMFSFJ, *Dokumentation der Auftaktveranstaltung zum Bundesprogramm Mehrgenerationenhaus*, Berlin 2017.

BMFSFJ, *Freiwilliges Engagement in Deutschland. Zusammenfassung zentraler Ergebnisse des Vierten Deutschen Freiwilligensurveys*, Berlin 2017.

BMFSFJ, *Siebter Altenbericht. Sorge und Mitverantwortung in der Kommune – Aufbau und Sicherung zukunftsfähiger Gemeinschaften*, Berlin 2017.

BMFSFJ, *Zweiter Bericht über die Entwicklung des bürgerschaftlichen Engagements in der Bundesrepublik Deutschland*, Berlin 2017.

BMFSFJ, *Engagementstrategie BMFSFJ. Strategische Ausrichtung der Engagementpolitik*, Berlin 2016.
BMFSFJ, *Kooperation von Haupt- und Ehrenamtlichen in Pflege, Sport und Kultur. Ein Leitfaden für die Praxis*, Berlin 2015.
BMFSFJ, *Nationale Engagementstrategie*, Berlin 2010.
BMFSFJ/WZB, *Bericht zur Lage und zu den Perspektiven des bürgerschaftlichen Engagements*, Berlin 2009.
BMI/BMEL/BMFSFJ, *Unser Plan für Deutschland – Gleichwertige Lebensverhältnisse überall*, Berlin 2019.
Boemke, Laura / van Dyk, Silke / Haubner, Tine, »Freiwilligenarbeit als Ressource«, in: *WSI-Mitteilungen*, Schwerpunkt »Freiwilligenarbeit im Strukturwandel des Wohlfahrtsstaats«, (5) 2021, S. 374–384.
Bogumil, Jörg / Holtkamp, Lars / Schwarz, Gudrun, *Das Reformmodell Bürgerkommune*, Berlin 2003.
Böhle, Fritz, »Subjektivierendes Arbeitshandeln«, in: Hartmut-Hirsch Kreinsen / Heiner Minssen (Hg.), *Lexikon der Arbeits- und Industriesoziologie*, 2017, S. 278–281.
Böhnisch, Lothar / Schroer, Wolfgang, »Entgrenzung und die räumliche Transformation sozialer Probleme«, in: Projekt Netzwerke im Stadtteil (Hg.), *Grenzen des Sozialraums*, Wiesbaden 2005, S. 37–48.
Boltanski, Luc / Chiapello, Ève, *Der neue Geist des Kapitalismus*, Konstanz 2003.
Botsman, Rachel / Rogers, Roo, *What's Mine is Yours. How Collaborative Consumption is Changing the Way We Live*, London 2010.
Bourdieu, Pierre, *Die feinen Unterschiede*, Frankfurt am Main 1982.
Brandl, Sebastian / Hildebrandt, Eckart, *Zukunft der Arbeit und soziale Nachhaltigkeit*, Wiesbaden 2002.
Bröckling, Ulrich, »Gleichgewichtsübungen. Die Mobilisierung des Bürgers zwischen Markt, Zivilgesellschaft und aktivierendem Staat«, in: *Spw* 2, 2005, S. 19–22.
Brudney, Jeffrey L. / Meijs, Lucas, »It Ain't Natural. Toward a New (Natural) Resource Conceptualization for Volunteer Management«, in: *Nonprofit and Voluntary Sectore Quarterly*, 38 (4), 2009, S. 564–581.
Brunner, Christoph / Kubachek, Niki / Mulvaney, Kelly / Raunig, Gerald (Hg.), *Die neuen Munizipalismen*, Wien u. a. 2017.

Caffentzis, George / Federici, Silvia, »Commons Against and Beyond Capitalism«, in: *Community Development Journal*, 49 (1), 2014, S. 92–105.
Castel, Robert, *Die Stärkung des Sozialen. Leben im neuen Wohlfahrtsstaat*, Hamburg 2005.
Chamayou, Grégoire, *Die unregierbare Gesellschaft. Eine Genealogie des autoritären Liberalismus*, Berlin 2019.
Chebli, Sawsan, »Das Ehrenamt ist systemrelevant«, in: *Der Tagesspiegel*, 26. 3 .2020, https://www.tagesspiegel.de/berlin/engagement-in-der-

coronavirus-krise-das-ehrenamt-ist-systemrelevant/25681932.html [27.5.2021].

CLG (Department for Communities and Local Governance), *The Community Development Challenge*, London 2006.

Compagna, Diego / Shire, Karen, »Die Entdeckung der ›Alten‹ und deren PflegerInnen als Wissensressource für die Technisierung von Pflegearbeit«, in: Brigitte Aulenbacher / Birgit Riegraf / Hildegard Theobald (Hg.), *Sorge: Arbeit, Verhältnisse, Regime, Soziale Welt*, Sonderband 20/2014, S. 279–292.

Creed, Gerald W., »Reconsidering Community«, in: Gerald W. Creed (Hg.), *The Seductions of Community*, Santa Fe 2006, S. 3–22.

Crouch, Colin, *The Strange Non-death of Neoliberalism*, Cambridge/Malden 2011.

Cuddy, Amy J. C. / Norton, Michael I. / Fiske, Susan T., »This Old Stereotype: The Pervasiveness and Persistence of the Elderly Stereotype«, in: *Journal of Social Issues*, 61 (2), 2005, S. 267–285.

Dahme, Heinz-Jürgen / Wohlfahrt, Norbert, »Bürgerschaftliche Sozialpolitik«, in: ders. (Hg.), *Handbuch kommunale Sozialpolitik*, Wiesbaden 2011, S. 395–408.

Dies., »Zivilgesellschaft und ›managerieller‹ Staat. Bürgerschaftliche Sozialpolitik als Teil instrumenteller Governance«, in: Ingo Bode / Adalbert Evers / Ansgar Klein (Hg.), *Bürgergesellschaft als Projekt*, Wiesbaden 2009, S. 240–264.

Dammert, Matthias, *Angehörige im Visier der Pflegepolitik. Wie zukunftsfähig ist die subsidiäre Logik der deutschen Pflegeversicherung?*, Wiesbaden 2009.

Daub, Adrian, *Was das Valley denken nennt*, Berlin 2020.

Daum, Timo, *Das Kapital sind wir. Zur Kritik der digitalen Ökonomie*, Hamburg 2017.

DBV (Deutscher Bibliotheksverband), *Bibliothek und Ehrenamt*, Berlin 2009.

Dean, Mitchel, »Rethinking Neoliberalism«, in: *Journal of Sociology*, 50 (2), 2014, S. 150–163.

De Angelis, Massimo, *Omnia sunt communia. On the Commons and the Transformation to Postcapitalism*, London 2017.

Della Porta, Donatella, »Progressive und regressive Politik im späten Neoliberalismus«, in: Heiner Geiselberger (Hg.), *Die große Regression*, Berlin 2017, S. 57–76.

Demirović, Alex / Dück, Julia / Becker, Florian / Bader, Pauline (Hg.), *VielfachKrise. Im finanzmarktdominierten Kapitalismus*, Hamburg 2011.

Denninger, Tina / van Dyk, Silke / Lessenich, Stephan / Richter, Anna, *Leben im Ruhestand. Zur Neuverhandlung des Alters in der Aktivgesellschaft*, Bielefeld 2014.

Derrida, Jacques, *Politik der Freundschaft*, Frankfurt am Main 2002.

Deutscher Bundestag, *Bundestagsdebatte 220. Sitzung*, Plenarprotokoll, Berlin, 1.2.2013.

Deutscher Bundestag, *Entwurf eines Gesetzes zur Entbürokratisierung des gemeinnützigkeitsrechts (Gemeinnützigkeitsentbürokratisierungsgesetz – GemEntBG)*, Gesetzesentwurf der Fraktionen der CDU/CSU und FDP, Drucksache 17/11316, 17. Wahlperiode, 6. 11. 2012.
Deutscher Bundestag, *Bürgerschaftliches Engagement: auf dem Weg in eine zukunftsfähige Bürgergesellschaft*, Bericht der Enquête-Kommission »Zukunft des Bürgerschaftlichen Engagement«, Drucksache 14/8900, Berlin 2002.
Diakonisches Werk Württemberg, *Geld und Ehre? Eine Arbeitshilfe zu Aufwandsentschädigungen und Vergütungen im Freiwilligen Engagement*, Stuttgart 2016.
Dörre, Klaus, »Take Back Control! Marx, Polanyi and Right-Wing Populist Revolt«, in: *Österreichische Zeitschrift für Soziologie* 44, 2019, S. 225–243.
Ders., »Die neue Landnahme. Dynamiken und Grenzen des Finanzmarktkapitalismus«, in: Klaus Dörre / Stephan Lessenich / Hartmut Rosa (Hg.), *Soziologie, Kapitalismus, Kritik. Eine Debatte*, Frankfurt am Main 2009, S. 21–86.
Dowling, Emma, »In the Wake of Austerity«, in: *New Political Economy*, 22 (3), 2017, S. 294–310.
Dies., »Valorised But Not Valued? Social Reproduction and Feminist Politics Beyond the Crisis Economy«, in: *British Politics* 11, 2016, S. 452–468.
Dück, Julia, *Kämpfe um Care in der Krise*, unveröffentlichte Dissertation 2021.
Durkheim, Émile, Über *soziale Arbeitsteilung*, Frankfurt am Main 1992 [1893].
Dyk, Silke van, »Umsonst und freiwillig? Die Neuverhandlung des Sozialen und die Informalisierung von Arbeit«, in: *WSI-Mitteilungen, Schwerpunkt »Freiwilligenarbeit im Strukturwandel des Wohlfahrtsstaats«, 5, 2021*, S. *343–354*.
Dies., »Rethinking Community in Ageing Studies«, in: Bettina Jansen (Hg.), *Rethinking Community through Transdisciplinary Research*, Cham 2020, S. 169–191.
Dies., »Post-wage Politics and the Rise of Community Capitalism«, in: *Work, Employment and Society*, 32 (3), 2018, S. 528–545.
Dies. / Dowling, Emma / Haubner, Tine, »Rebellisches Engagement ist gefragt«, in: *Blätter für deutsche und internationale Politik*, 62 (2), 2016, S. 37–40.
Dies., »Poststrukturalismus. Gesellschaft. Kritik. Über Potenziale, Probleme und Perspektiven«, in: *Prokla 167*, 42 (2), 2012, S. 185–210.
Dies. / Lessenich, Stephan, »Ambivalenzen der (De-)Aktivierung: Altwerden im flexiblen Kapitalismus«, in: *WSI-Mitteilungen*, 62 (10), 2009, S. 540–546.

Eliasoph, Nina, *The Politics of Volunteering*, Cambridge 2013.
Emejulu, Akwugo, *Community Development as Micropolitics. Comparing Theories, Policies and Politics in America and Britain*, Bristol 2016.

Enquete-Kommission »Zukunft des Bürgerschaftlichen Engagements« des Deutschen Bundestages, *Bericht. Bürgerschaftliches Engagement: Auf dem Weg in eine zukunftsfähige Bürgergesellschaft*, Wiesbaden 2002.

Esposito, Roberto, *Communitas. Ursprung und Wege der Gemeinschaft*, Berlin 2004.

Etzioni, Amitai, *Die Verantwortungsgesellschaft*, Berlin 1999.

Evers, Adalbert, »Investiv und aktivierend oder ökonomistisch und bevormundend? Zur Auseinandersetzung mit einer neuen Generation von Sozialpolitiken«, in: ders. / Rolf G. Heinze (Hg.), *Sozialpolitik. Ökonomisierung und Entgrenzung*, Wiesbaden 2008, S. 229–249.

Ders. / Olk, Thomas, *Wohlfahrtspluralismus*, Opladen 1996

Ewald, Francois, »Die Versicherungs-Gesellschaft«, in: *Kritische Justiz* 22, 1989, S. 385–393.

Exner, Andreas/ Kumnig, Sarah / Hochleithner, Stephan (Hg.), *Capitalism and the Commons*, London 2021.

Ders., »Gabe statt Tausch«, in: *Prokla* 199, 50 (2), 2020, S. 269–276.

Farris, Sara R. / Marchetti, Sabrina, »From the Commodification to the Corporatization of Care: European Perspectives and Debates«, in: *Social Politics*, 24 (2), 2017, S. 109–131.

Federici, Silvia, *Wages Against Housework*, New York 1975.

Fine, Michael D., »Individualization, Risk and the Body: Sociology and Care«, in: *Journal of Sociology*, 41 (3), 2005, S. 247–266.

Foucault, Michel, *Die Geburt der Biopolitik - Geschichte der Gouvernementalität II*, Berlin 2006.

Foundational Economy Collective, *Die Ökonomie des Alltagslebens. Für eine neue Infrastrukturpolitik*, Berlin 2019.

Fraser, Nancy, »Contradictions of Capital and Care«, in: *New Left Review*, 100, 2016, S. 99–117.

Fringer, André, *Pflegenden Angehörigen ehrenamtlich helfen. Bürgerschaftliches Engagement im Spannungsfeld öffentlicher Interessen*, Marburg 2011.

Garjian, Michael, *Community Capitalism. How Communities Can Use Capitalism to Create a Shared Economy that Works for Everyone*, Eigenverlag 2016.

Gertenbach, Lars / Laux, Henning / Rosa, Hartmut / Strecker, David, *Theorien der Gemeinschaft zur Einführung*, Hamburg 2010.

Gibson-Graham, J. K., *Postcapitalist Politics*, Minneapolis/London 2006.

Graefe, Stefanie, *Resilienz im Krisenkapitalismus*, Bielefeld 2019.

Habermann, Friederike, *Ecommony. UmCARE zum Miteinander*, Sulzbach 2016.

Harvey, David, *Der neue Imperialismus*, Hamburg 2005.

Haubner, Tine, »Da könnte es ja auch ein weniger Ausgebildeter machen«. Freiwilligenarbeit in Sozialberufen, in: *WSI-Mitteilungen, Schwerpunkt »Freiwilligenarbeit im Strukturwandel des Wohlfahrtsstaats«*, 5, 2021, S. 364–373.

Dies., »Die neue ›heimliche Ressource der Sozialpolitik‹? Soziales Engagement als geschlechterpolitisch ambivalenter Möglichkeitsraum«, in: *Österreichische Zeitschrift für Soziologie*, Themenheft 4/2020, S. 447–463.
Dies., »Die Grenzen der Gemeinschaft«, in: *Pflege. Praxis – Geschichte – Politik. APuZ-Schriftenreihe der Bundeszentrale für Politische Bildung*, Bonn 2020, S. 42–53.
Dies., »The Exploitation of Caring Communities: The Elder Care Crisis in Germany«, in: *Global Labour Journal*, 11 (2), 2020, S. 89–102.
Dies., »Grauzonen der Sorgearbeit: Informelle Pflegearbeit im Kontext des Pflegenotstands«, in: Ingrid Artus / Peter Birke / Stefan Kerber-Clasen / Wolfgang Menz, *Sorgearbeit und Industrielle Beziehungen. Schwerpunktheft der Industriellen Beziehungen*, 4 (26), 2019, S. 425–444.
Dies., *Die Ausbeutung der sorgenden Gemeinschaft. Laienpflege in Deutschland*, Frankfurt am Main / New York 2017.
Heinze, Rolf G., *Gesellschaftsgestaltung durch Neujustierung von Zivilgesellschaft, Staat und Markt, Wiesbaden 2020.*
Ders., »Verbandliche Wohlfahrtspflege und Wohlfahrtsmarkt«, in: *Sozialer Fortschritt*, 68 (1), 2019, S. 45–65.
Ders. / Kurtenbach, Sebastian / Üblacker, Jan (Hg.), *Digitalisierung und Nachbarschaft. Erosion des Zusammenlebens oder neue Vergemeinschaftung?* Baden-Baden 2019, S. 11–32.
Helfrich, Silke / Heinrich-Böll-Stiftung (Hg.), *Commons. Für eine neue Politik jenseits von Markt und Staat*, Bielefeld 2014.
Hielscher, Volker / Kirchen-Peters, Sabine / Nock, Lukas, *Pflege in den eigenen vier Wänden: Zeitaufwand und Kosten*, Studie Nr. 363 der Hans-Böckler-Stiftung, Stuttgart 2017.
Hitzler, Ronald / Honer, Anne / Pfadenhauer, Michaela (Hg.), *Posttraditionale Gemeinschaften. Theoretische und ethnografische Erkundungen*, Wiesbaden 2009.
Holtkamp, Lars / Bogumil, Jörg, »Bürgerkommune und Local Governance«, in: Lilian Schwalb / Heike Walk (Hg.), *Local Governance – mehr Transparenz und Bürgernähe?*, Wiesbaden 2007, S. 231–250.
Honneth, Axel, »Posttraditionale Gemeinschaften«, in: Micha Brumlik / Hauke Brunkhorst (Hg.), *Gemeinschaft und Gerechtigkeit*, Frankfurt am Main 1993, S. 260–270.

Jann, Olaf, »Heartland oder: Die Kritik der infamen Bürger«, in: Dirk Jörke / Oliver Nachtwey (Hg.), *Das Volk gegen die (liberale) Demokratie*, Baden-Baden 2017, S. 279–302.
Jörke, Dirk / Selk, Veit, *Theorien des Populismus zur Einführung*, Hamburg 2017.
Joseph, Miranda, *Against the Romance of Community*, University of Minnesota 2002.

Jürgens, Kerstin, »Deutschland in der Reproduktionskrise«, in: *Leviathan*, *38*, *2010*, *S. 559–587*.

Kappes, Hannah-Ruth / Vollmann, Michael, »Auf digitalem Weg zu mehr lokaler Gemeinschaft – das Nachbarschaftsnetzwerk nebenan.de«, in: Chirine Etezadzadeh (Hg.), *Smart City – Made in Germany*, Wiesbaden 2020, S. 125–132.

Karger, K. / Klenter, Peter», *Freiwilligendienste zwischen bürgerschaftlichem Engagement und Arbeitsplatzverdrängung*, Thesenpapier für den Workshop »Arbeitsmarktneutralität von Freiwilligendiensten«, Berlin 2015.

Karner, Tracy X., »Professional Caring: Homecare Workers as Fictive Kin«, in: *Journal of Aging Studies*, 12 (1), 1998, S. 69–82.

Kessl, Fabian / Schoneville, Holger, »Die ›neue Mitleidsökonomie‹ – Symptom des wohlfahrtsstaatlichen Strukturwandels«, in: *WSI-Mitteilungen*, Schwerpunkt »Freiwilligenarbeit im Strukturwandel des Wohlfahrtsstaats«, 5, 2021, S. 355–363.

Ders. / Landhäußer, Sandra / Ziegler, Holger, »Sozialraum«, in: Bernd Dollinger / Jürgen Raithel (Hg.), *Aktivierende Sozialpädagogik*, Wiesbaden 2006, S. 191–216.

Klein, Ansgar, »Grundlagen und Perspektiven guter Engagementpolitik«, in: *Aus Politik und Zeitgeschichte* 14–15, 2015, S. 10–15.

Ders., »Bürgerschaftliches Engagement im ländlichen Raum«, in: BBE (Hg.), *Newsletter für Engagement und Partizipation in Deutschland*, 04, 2014.

Klie, Thomas, »Caring Community – Verständnis und Voraussetzungen moderner lokaler Gemeinschaftlichkeit«, in: Cornelia Coenen-Marx / Beate Hofmann (Hg.), *Symphonie – Drama – Powerplay: Zum Zusammenspiel von Haupt- und Ehrenamt in der Kirche*, Stuttgart 2017, S. 119–130.

Ders., *Wen kümmern die Alten? Auf dem Weg in eine sorgende Gesellschaft*, *München* 2014.

Klinger, Cornelia, »Krise war immer ... Lebenssorge und geschlechtliche Arbeitsteilungen in sozialphilosophischer und kapitalismuskritischer Perspektive«, in: Erna Appelt / Brigitte Aulenbacher / Angelika Wetterer (Hg.), *Gesellschaft. Feministische Krisendiagnosen*, Münster 2014, S. 82–104.

Dies., »Leibdienst–Liebesdienst–Dienstleistung«, in: Dieter Sauer / Volker Wittke / Klaus Dörre (Hg.), *Kapitalismustheorie und Arbeit. Neue Ansätze soziologischer Kritik*, Frankfurt am Main / New York 2012, S. 258–272.

Kocyba, Hermann, »Aktivierung«, in: Ulrich Bröckling / Susanne Krasmann / Thomas Lemke (Hg.), *Glossar der Gegenwart*, Frankfurt am Main 2004, S. 17–22.

Kratzwald, Birgit, »Commons und das Öffentliche«, in: Silke Helfrich / Heinrich-Böll-Stiftung (Hg.), *Commons. Für eine neue Politik jenseits von Markt und Staat*, Bielefeld 2014, S. 79–84.

Kricheldorff, Cornelia / Klott, Stefanie / Tonello, Lucia, »Sorgende Kommunen und Lokale Verantwortungsgemeinschaften«, in: *Zeitschrift für Gerontologie und Geriatrie* 48, 2015, S. 408–414.

Laufenberg, Mike, »Mehr als ein Lückenfüller: Emanzipatorische Potenziale zivilgesellschaftlichen Sorgens«, in: *WSI-Mitteilungen*, Schwerpunkt »Freiwilligenarbeit im Strukturwandel des Wohlfahrtsstaats«, (5), 2021, S. 415–418.

Ders., »Communities of Care. Queere Politiken der Reproduktion«, in: *Zeitschrift LuXemburg* (4), 2012, https://www.zeitschrift-luxemburg.de/communities-of-care-queere-politiken-der-reproduktion/ [12. 2. 2021].

Les convivialistes, *Das konvivialistische Manifest*, Bielefeld 2014.

Lessenich, Stephan, *Theorien des Sozialstaats zur Einführung*, Hamburg 2012.

Ders., »Mobilität und Kontrolle. Zur Dialektik der Aktivgesellschaft«, in: Klaus Dörre / Stephan Lessenich / Hartmut Rosa (Hg.), *Soziologie, Kapitalismus, Kritik. Eine Debatte*, Frankfurt am Main 2009, S. 126–177.

Lilla, Mark, *The Once and the Future Liberal. After Identity Politics*, New York 2017.

Luxton, Meg, »Friends, Neighbours, and Community: A Case Study of the Role of Informal Caregiving in Social Reproduction«, in: Kate Bezanson / Meg Luxton (Hg.), *Social Reproduction. Feminist Political Economy Challenges Neo-Liberalism*, McGill-Queen's University 2006, S. 263–292.

MacLeod, Mary Anne / Emejulu, Akwugo, »Neoliberalism with a Community Face?«, in: *Journal of Community Practice* 22 (4), 2014, S. 430–450.

Macmillan, Rob / Townsend, Alan, »A ›New Institutional Fix‹? The Community Turn and the Changing Role of the Voluntary Sector«, in: Christine Milligan / David Conradson (Hg.), *Landscapes of Voluntarism*, Bristol 2011, S. 15–32.

Mauss, Marcel, *Die Gabe. Form und Funktion des Austauschs in archaischen Gesellschaften*, Frankfurt am Main 1990.

Mayer-Ahuja, Nicole, »Prekär, informell – weiblich?«, in: Hans-Jürgen Burchardt / Stefan Peters / Nico Weinmann (Hg.), *Arbeit in globaler Perspektive. Facetten informeller Beschäftigung*, Frankfurt am Main / New York 2013, S. 55–78.

Dies., »Arbeit, Unsicherheit, Informalität«, in: Klaus Dörre / Dieter Sauer / Volker Wittke (Hg.), *Kapitalismustheorie und Arbeit. Neue Ansätze soziologischer Kritik*, Frankfurt am Main / New York 2012, S. 289–301.

Merkel, Wolfgang, »Die populistische Revolte«, in: *Welt. Kultur. Politik*, 157 (2), 2017, S. 53–56.

Metz, Markus / Seeßlen, Georg, *Der Rechtsruck. Skizzen zu einer Theorie des politischen Kulturwandels*, **Berlin 2018.**

Michéa, Jean-Claude, *Das Reich des kleineren Übels. Über die liberale Gesellschaft*, Berlin 2014.

Mies, Maria, »No Commons Without a Community«, in: *Community Development Journal*, Vol. 49 (1), 2014, S. 6–17.
Milburn, Keir / Russell, Bertie T., »What Can an Institution Do? Towards Public-Common Partnerships and a New Common-sense«, in: *Renewal* 26 (4), 2018, S. 45–55.
Ministerium für Arbeit und Sozialordnung, Familie, Frauen und Senioren, *Engagementstrategie Baden-Württemberg*, Stuttgart 2014.
Ministerium für Soziales und Integration Baden-Württemberg, *Landesstrategie Quartier 2020*, Stuttgart 2017.
Morgenroth, Claas, »Einleitung. Zur Politik der Gemeinschaft«, in: Janine Böckelmann / Claas Morgenroth (Hg.), *Politik der Gemeinschaft*, Bielefeld 2008, S. 9–27.
Muehlebach, Andrea, *The Moral Neoliberal. Welfare and Citizenship in Italy*, Chicago/London 2012.
Müller, Jan-Werner, *Was ist Populismus? Ein Essay*, Berlin 2016.
Müller, Siegfried / Rauschenbach, Thomas (Hg.), *Das soziale Ehrenamt. Nützliche Arbeit zum Nulltarif*, Weinheim/München 1992.
Müller, Torben, »Discogs. Lass die Kunden das machen«, in: *brand eins* 06, 2017, https://www.brandeins.de/magazine/brand-eins-wirtschaftsmagazin/2017/umsonst/lass-die-kunden-das-machen [18. 3. 2021].

Naegele, Gerhard, »Handlungsfelder einer zukunftsgerichteten Alterssozialpolitik«, in: *Aus Politik und Zeitgeschichte* 63 (4–5), 2013, S. 18–23.
Nancy, Jean-Luc, *Die undarstellbare Gemeinschaft*, Stuttgart 1988.
Neumann, Daniela, *Das Ehrenamt nutzen. Zur Entstehung einer staatlichen Engagementpolitik in Deutschland, Bielefeld 2016.*
Newman, Janet, »Landscapes of Antagonism: Local Governance, Neoliberalism and Austerity«, in: *Urban Studies*, 51 (15), 2014, S. 3290–3305.
Dies. / Clarke, John, *Publics, Politics and Power: Remaking the Public in Public Services*, London 2009.
Nullmeier, Frank, »Vermarktlichung des Sozialstaats«, in: *WSI-Mitteilungen*, (9), 2004, S. 495–500.

OECD, *In It Together: Why Less Inequality Benefits All*, Paris 2015.
Offe, Claus, »Competitive Party Democracy and the Keynesian Welfare State: Factors of Stability and Disorganization«, in: *Policy Sciences*, 15 (3), 1983, S. 225–246.
Ostner, Ilona, »Der partikularistische Sozialstaat – das Beispiel der Frauen«, in: Werner Dressel / Walter R. Heinz / Gerd Peters / Karen Schober (Hg.), *Lebenslauf, Arbeitsmarkt und Sozialpolitik. Beiträge zur Arbeitsmarkt- und Berufsforschung*, Nürnberg 1990, S. 19–40.

Perabo, Christa, »Kommunen und Bürgerschaftliches Engagement«, in: BBE (Hg.), *Newsletter für Engagement und Partizipation in Deutschland*, 16/2013.
Pfau-Effinger, Birgit / Geissler, Birgit (Hg.), *Care and Social integration in European Societies*, Bristol 2005.
Pflege e. V., »Betreuungskräfte aus Osteuropa. Fast wie Familienmitglieder«, in: *Angehörige pflegen. Zeitschrift für die Pflege zu Hause*, 3 (3), 2013.
Pinl, Claudia, *Freiwillig zu Diensten? Über die Ausbeutung von Ehrenamt und Gratisarbeit*, Frankfurt am Main 2013.
Dies., »Solidaritätsdumping«, in: *die tageszeitung*, 19. 10. 2010.
Polterauer, Judith, »Unternehmensengagements als ›Corporate Citizenship‹«, in: Holger Backhaus-Maul / Christiane Biedermann / Stefan Nährlich / Judith Polterauer (Hg.), *Corporate Citizenship in Deutschland. Gesellschaftliches Engagement von Unternehmen. Bilanz und Perspektiven*, Wiesbaden 2010, S. 203–239.
Prätorius, Rainer, »Vom sanften Terror der Geborgenheit. Sozialengagement statt Sozialstaat?«, in: *liberal. Beiträge zur Entwicklung einer freiheitlichen Ordnung*, 24 (7), 1982, S. 496–504.
Priester, Karin, *Rechter und linker Populismus. Annäherung an ein Chamäleon*, Frankfurt am Main / New York 2012.
Putnam, Robert D., *Bowling Alone*, New York 2000.

Reese-Schäfer, Walter, *Kommunitarismus*, Frankfurt am Main / New York 2001.
von Redecker, Eva, *Revolution für das Leben. Philosophie der neuen Protestformen*, Frankfurt am Main 2020.
Reichardt, Sven, *Authentizität und Gemeinschaft. Linksalternatives Leben in den siebziger und frühen achtziger Jahren*, Frankfurt am Main 2014.
Rendueles, César, »Globale Regression und postkapitalistische Gegenbewegungen«, in: Heinrich Geiselberger (Hg.), *Die große Regression*, Berlin 2017, S. 233–252.
Richter, Emanuel, »Subsidiarität und Neokonservatismus«, in: *Politische Vierteljahresschrift*, Vol. 28 (3), 1987, S. 293–314.
Rifkin, Jeremy, *Das Ende der Arbeit und ihre Zukunft: Neue Konzepte für das 21. Jahrhundert, Frankfurt am Main 2005.*
Ritzer, George, »Prosumer Capitalism«, in: *The Sociological Quarterly* 56, 2015, S. 413–445.
Rose, Nikolas, »Tod des Sozialen? Eine Neubestimmung der Grenzen des Regierens«, in: Ulrich Bröckling / Susanne Krasman / Thomas Lemke (Hg.), *Gouvernementalität der Gegenwart. Studien zur Ökonomisierung des Sozialen*, Frankfurt am Main 2000, S. 72–109.

Sachße, Christoph, »Subsidiarität: Leitmaxime deutscher Wohlfahrtsstaatlichkeit«, in: Stephan Lessenich (Hg.), *Wohlfahrtsstaatliche Grundbegriffe*, Frankfurt am Main / New York 2003, S. 191–212.

Salamon, Lester M., »Of Market Failure, Voluntary Failure, and Third-Party Government«, in: *Journal of Voluntary Action Research*, 16 (1–2), 1987, S. 29–49.

Schäfer, Armin / Schwander, Hanna, »›Don't Play if You Can't Win‹ – Does Economic Inequality Undermine Political Equality?«, in: *European Political Science Review* 11, 2019, S. 395–413.

Schenk, Martin, »Armut und gefährdete Selbst- und Fürsorge«, in: Brigitte Aulenbacher / Maria Dammayr (Hg.), *Für sich und andere sorgen. Krise und Zukunft von Care in der modernen Gesellschaft*, Weinheim/Basel 2014, S. 53–64.

Schmidt, Eric / Rosenberg, Jonathan, *How Google Works*, New York / Boston 2014.

Schobin, Janosch, »Sorgende Freunde. Fragen an eine andere Lebensform«, in: *Mittelweg 36*, 20, 2011, S. 24–42.

Scholz, Trebor, *Uberworked and Underpaid. How Workers are Disrupting the Digital Economy*, Cambridge/Malden 2017.

Ders., *Plattform-Kooperativismus*, https://www.rosalux.de/publikation/id/8813/plattform-kooperativismus, 2016 [12. 3. 2021].

Schultheiß, Franz, »Im Dienste öffentlicher Güter«, in: *Mittelweg 36*, 21, 2012, S. 9–21.

Schulz-Schaeffer, Ingo, »Crowdsupporting als Gabentausch. Zur soziologischen Analyse des Crowdfunding«, in: *Kölner Zeitschrift für Soziologie und Sozialpsychologie* 69, 2017, S. 27–50.

Schwarzenberg, Tom / Miggelbrink, Judith / Meyer, Frank, »›Nicht für Erich Honecker früher oder heute für Angela Merkel, sondern für sich selber‹ – Eine Fallstudie zu ehrenamtlichen Engagementformen im ländlichen Raum«, in: *Zeitschrift für Raumforschung und Raumordnung*, 75, 2017, S. 564–576.

Selke, Stefan (Hg.), *Tafeln in Deutschland. Aspekte einer sozialen Bewegung zwischen Nahrungsmittelumverteilung und Armutsintervention*, Wiesbaden 2009.

Sennett, Richard, *Verfall und Ende des öffentlichen Lebens. Die Tyrannei der Intimität*, Frankfurt am Main 1977.

Sevenhuijsen, Selma, »Caring in the Third Way: the Relation Between Obligation, Responsibility and Care in Third Way Discourse«, in: *Critical Social Policy*, 20 (1), 2000, S. 5–37.

Simonet, Maud, *Travail gratuit: la nouvelle exploitation?, Paris* 2018.

Spiegel online, »Vorstoß von Union und FDP: Langzeitarbeitslose sollen Zivis ersetzen«, 15. 2. 2004, https://www.spiegel.de/politik/deutschland/vorstoss-von-union-und-fdp-langzeitarbeitslose-sollen-zivis-ersetzen-a-286487.html [11. 6. 2021].

Spitta, Juliane, »Gemeinschaft, Multitude oder das Kommune. Begriffsperspektiven im Spannungsfeld zwischen nationaler Identifikation und kollektiver Aneignung«, https://www.linksnet.de/artikel/26045, 2010 [13. 3. 2021].

Srnicek, Nick, *Plattform-Kapitalismus*, Hamburg 2018.
Stalder, Felix, *Kultur der Digitalität*, Berlin 2019.
Stecker, Christina, »Zur Brückenfunktion bürgerschaftlichen Engagements«, in: Susanne Korfmacher / Gerd Mutz (Hg.), *Beschäftigungseffekte durch informelle Arbeit?*, Düsseldorf 2004, S. 51–60.
Stiftung Mitarbeit / Forum Community Organizing e.V. (Hg.), *Handbuch Community Organizing. Theorie und Praxis in Deutschland*, Bonn 2015.
Streeck, Wolfgang, »Der alltägliche Kommunismus«, in: *Blätter für deutsche und internationale Politik*, 64 (6), 2019, S. 93–105.
Ders., »Wie wird der Kapitalismus enden?« In: *Blätter für deutsche und internationale Politik*, 60 (3), 2015, S. 99–111.

Taggart, Paul, *Populism*, Buckingham/Philadelphia 2000.
Taylor, Marilyn, »The Changing Fortunes of Community«, in: *Voluntary Sector Review*, 3 (1), 2012, S. 15–34.
Terranova, Tiziana, »Free Labor: Producing Cultur for the Digital Economy«, in: *Social Text*, 18 (2), 2000, S. 33–58.
The Care Collective, *The Care Manifesto. The Politics of Interdependence*, London / New York 2020.
Theobald, Hildegard, »Care Policies and the Intersection of Inequalities in Care Work: Germany and Sweden Compared«, in: Brigitte Aulenbacher / Birgit Riegraf / Hildegard Theobald (Hg.), *Sorge: Arbeit, Verhältnisse, Regime, Soziale Welt*, Sonderband 20/2014, S. 345–361.
Thiessen, Barbara, »Pflegekräfte: ›Dieses Klatschen ist fast zynisch‹«, in: *Zeitonline*, 25. 3. 2020, https://www.zeit.de/wirtschaft/2020-03/pflegekraefte-systemrelevante-berufe-unterbezahlung-corona-krise-ungerechtigkeit [13. 1. 2021].
Tönnies, Ferdinand, *Gemeinschaft und Gesellschaft*, München/Wien 2017 [1887].

UK Government, *Localism Act*, London 2011.
Ullrich, Carsten G., »Aktivierende Sozialpolitik und individuelle Autonomie«, in: *Soziale Welt* 55, 2004, S. 145–158.
Ungerson, Clare, »Care, Work and Feeling«, in: *The Sociological Review*, 53 (2), 2005, S. 188–203.
United Nations, International Year of the Volunteer 2001, Bonn 1999.

Villa, Paula-Irene, »Corona-Krise meets Care-Krise – Ist das systemrelevant?«, in: *Leviathan*, 48, 2020, S. 433–450.
Vobruba, Georg, »Die populistische Anrufung der Gemeinschaft«, in: Helmut Dubiel (Hg.), *Populismus und Aufklärung*, Frankfurt am Main 1986, S. 221–247.
Vogel, Claudia / Tesch-Römer, Clemens / Simonson, Julia, »Zusammenspiel des freiwilligen Engagements mit informeller Unterstützung«, in: Julia

Simonson / Claudia Vogel / Clemens Tesch-Römer (Hg.), *Engagement in Deutschland. Der Deutsche Freiwilligensurvey 2014*, Wiesbaden 2017, S. 285–295.

Waerness, Kari, »The Rationality of Caring«, in: *Economic and Industrial Democracy*, 5, 1984, S. 185–211.

Wagenknecht, Sarah, *Die Selbstgerechten. Mein Gegenprogramm für Gemeinsinn und Zusammenhalt*, Frankfurt am Main / New York 2021.

Wawzyniak, Halina, »Die Form des Wirtschaftens ändern. Mit dem Sozialstaatsprinzip zur Vergesellschaftung«, in: *Prokla* 50 (2), 2020, S. 311–318.

Weeks, Kathi, *The Problem with Work. Feminism, Marxism, Antiwork Politics and Postwork Imaginaries*, Duke University 2011.

Wild, Monika / Wegleitner, Klaus / Schuchter, Patrick, »Wie möchten wir zusammenleben? Sorgenetze in der Gemeinde stärken«, *in: Case Management* 3, 2020, S. 115–120.

Williams, Colin C. / Nadin, Sara, »Work Beyond Employment: Representations of Informal Economic Activities«, in: *Work, Employment & Society*, 26 (1), 2012, S. 1–10.

Winker, Gabriele, *Care Revolution. Schritte in eine solidarische Gesellschaft*, Bielefeld 2015.

Zajak, Sabrina / Gottschalk, Ines (Hg.), *Flüchtlingshilfe als neues Engagementfeld. Chancen und Herausforderungen des Engagements für Geflüchtete*, Baden-Baden 2018.

Zelik, Raul, *Wir Untoten des Kapitals. Über politische Monster und einen grünen Sozialismus*, Frankfurt am Main 2020.

Žižek, **Slavoj**, *Der neue Klassenkampf. Die wahren Gründe für Flucht und Terror*, Berlin 2016.

Ders., *Auf verlorenem Posten*, Frankfurt am Main 2009.

Zuckerberg, Mark, *Building Global Community*, ohne Ort 2017.

Zwick, Detlev / Bonsu, Samuel / Darmody, Aron, »Putting Consumers to Work. ›Co-Creation‹ and New Marketing Governmentality«, in: *Journal of Consumer Culture*, 8 (2), 2008, S. 163–196.